白金版

IT'S YOUR SHIP

Management Techniques From
The Best Damn Ship In The Navy

这是你的船

[美] 迈克尔·阿伯拉肖夫 著　刘祥亚 译
(Michael Abrashoff)

机械工业出版社
China Machine Press

图书在版编目（CIP）数据

这是你的船（白金版）/（美）迈克尔·阿伯拉肖夫（Michael Abrashoff）著；刘祥亚译. —北京：机械工业出版社，2017.4（2025.11重印）

书名原文：It's Your Ship: Management Techniques from the Best Damn Ship in the Navy

ISBN 978-7-111-56556-7

I. 这… II. ①迈… ②刘… III. 企业管理－通俗读物 IV. F272-49

中国版本图书馆CIP数据核字（2017）第061649号

北京市版权局著作权合同登记　图字：01-2011-1124号。

Michael Abrashoff. It's Your Ship: Management Techniques from the Best Damn Ship in the Navy.

Copyright © 2002 by Captain D. Michael Abrashoff.

Simplified Chinese Translation Copyright © 2017 by China Machine Press.

Simplified Chinese translation rights arranged with Captain D. Michael Abrashoff through Andrew Nurnberg Associates International Ltd. This edition is authorized for sale in the Chinese mainland (excluding Hong Kong SAR, Macao SAR and Taiwan).

No part of this book may be reproduced or transmitted in any form or by any means, electronic or mechanical, including photocopying, recording or any information storage and retrieval system, without permission, in writing, from the publisher.

All rights reserved.

本书中文简体字版由Captain D. Michael Abrashoff通过Andrew Nurnberg Associates International Ltd. 授权机械工业出版社在中国大陆地区（不包括香港、澳门特别行政区及台湾地区）独家出版发行。未经出版者书面许可，不得以任何方式抄袭、复制或节录本书中的任何部分。

这是你的船（白金版）

出版发行：机械工业出版社（北京市西城区百万庄大街22号　邮政编码：100037）

责任编辑：黄　滢

责任校对：殷　虹

印　　刷：三河市宏达印刷有限公司

版　　次：2025年11月第1版第29次印刷

开　　本：147mm×210mm　1/32

印　　张：9.75

书　　号：ISBN 978-7-111-56556-7

定　　价：69.00元

客服电话：（010）88361066　68326294

版权所有·侵权必究

封底无防伪标均为盗版

献 给

士官爱德华 C. 本福尔德
以及所有那些曾经与我同舟共济的
军官和士兵们！

译　者　序

　　几乎所有的管理者都希望自己的下属能够像军队里的士兵那样训练有素，但迄今为止，却很少有人会想到去向那些功勋卓著的军官们讨教管理的智慧。

　　好在迈克尔·阿伯拉肖夫舰长并不吝啬，在奇迹般地将一艘装备先进却危机重重的导弹驱逐舰打造成美国太平洋舰队最优秀的舰艇之后，他总结了自己的领兵经验，并慷慨地把它们拿出来与大家分享，这也正是他写作这本书的原因所在。

　　问题是，当所有人都在沉迷于明星CEO或管理专家们的高谈阔论时，我们为什么还要阅读一位美国海军舰艇指挥官的经历呢？原因非常简单：他所积累的管理智慧并不逊色于那些管理专家，甚至比他们还要高明。

　　迈克尔·阿伯拉肖夫舰长是一名能够创造传奇的军官，他与导弹驱逐舰"本福尔德号"的故事早已在美国海军内外成为传奇。和所有的管理者一样，迈克尔·阿伯拉肖夫舰长喜欢"追求卓越",善于吸收的大脑和美国前国防部长威廉·佩里的言传身教给了他走向卓越的最强有力的资本,他的目标非常明确:不断超越自己,让"本福尔德号"成为太平洋舰队最优秀的舰艇。

当阿伯拉肖夫接任"本福尔德号"舰长的时候,这艘舰艇配备有当时美国海军最为先进的装备,可令人遗憾的是,这些价格不菲的重量级装备并没有发挥其应有的作用。

当上舰长之后,阿伯拉肖夫立刻意识到了,要想改变这种情况,他必须首先改进自己的领导水平。在短短的二十几个月里,阿伯拉肖夫为美国海军造就了一支充满自信、同舟共济且极富责任心的团队。在这个过程当中,他最常用的口号就是:这是你的船!

阿伯拉肖夫深得管理精髓,他的管理方略可以用一句话来概括:确立目标,然后从执行者的角度考虑问题。通过不断与水兵沟通,他让每个人都更加清楚地了解了"本福尔德号"的目标,而有趣的是,一旦明确了目标,以往散漫无度的水兵们很快就学会了遵守纪律,仿佛突然之间,大家所有的精力都被这个目标吸引住了。

在设身处地为他人着想方面,阿伯拉肖夫具有同样的"野心":通过聆听水兵们的需要,他帮每个人确立了自己的方向,他要让每个人干劲十足,让他们在"本福尔德号"

度过一段难忘的人生,他坚信,美国海军不仅要培养出一流的水兵,更要培养出一流的公民……

在看到这本书稿之后,阿伯拉肖夫的老上司,美国前国防部长威廉·佩里这样说道:"这是一本真正伟大的书,它趣味十足,见解深刻,必将为现代管理学的发展做出重要贡献。不仅如此,它还非常有趣,充满智慧!"这绝对不是夸张。

对于我而言,翻译本书是一个学习的过程,同时也是一段趣味盎然的经历。当然,我知道,在一本书的整个出版过程当中,翻译是一个非常基础的环节,是图书质量的重要保证。这不是凭我一己之力就可以完成的,而是一项集体努力的结晶,在此,我要向参与翻译本书的朋友表示感谢,他们是:周晶、贾哲和曾毅。

刘祥亚

目　　录

译者序

导　言 ························· **001**

对于任何机构的领导者来说，他们所面临的一个共同问题就是，如何从机构成员身上获得最大限度的回报，这主要取决于三个变量：领导者的需要、组织的整体氛围以及机构成员的潜力。在这本书中，希望能够帮助这些机构（无论是军队还是企业组织）的各级领导者更好地处理这三个变量之间的关系，并最终使其发挥百分之百的协同效应。

第 1 章　走马上任 ················· **015**

21世纪的领导者所面临的一个最大的挑战就是：吸引和挽留住优秀的人才，更重要的是，要对优秀人才进行相应的激励，从而确保他们在工作的时候能够充满激情和能量。在现实世界中，大多数领导所能做的就是帮助人们不断取得进步。

第 2 章　树立典范 ··················· **045**

领导者需要知道自己会对下属产生深刻的影响。作为一名经理人,你应该不断地向下属传达的一个信号就是:他们对你很重要。事实上,没有什么事情比他们更重要。想想看,你能为他们做点什么?

可笑的是,问题常出在你自己身上	046
绝不要忽略你对下属可能产生的影响	050
领导者应知道怎样承担责任	053
《华盛顿邮报》的测试	054
即使你不同意,也要学会遵守	057

第 3 章　积极聆听 ··················· **059**

美国前国防部长威廉·佩里是一位很受欢迎的人,各国元首、外交官、国防部长还有美国军队和盟友都很喜欢他。他之所以能够做到这一点,其中一个很重要的原因就是他非常注重聆听的技巧。无论谈话对象是谁,他都会把全部注意力放在对方身上,绝不会左顾右盼。我也应该用同样的方式来影响别人。

从水兵的角度看问题	061
量才适用	066
利用语言的力量	068

第 4 章　有效沟通 　　　　　　　　　　　　　　　**071**

对于有些领导者来说，在某些事情上对人们保密可以使自己掌握更大的控制权。而这恰恰是领导者的失败。保密只会导致彼此之间的猜忌和孤立，根本不利于改革的实施。知识就是力量，领导者需要的是群体的力量，而要想得到群体的力量，就要让群体拥有知识。了解组织目标的人越多，人们就越容易对这个目标产生认同，而最终的结果也就会越好。

使你的水兵感到"没有什么办不到"	073
打开被堵塞的渠道	075
确立了好名声，还要尽力捍卫	080
自由产生纪律	081

第 5 章　建立信任 　　　　　　　　　　　　　　　**085**

如果在普通的组织里，独断会导致腐败的话，那么在军队里，独断就会导致毁灭。当一些掌握权力的人能够不必为自己所犯下的错误承担责任的时候，他们就容易做出一些毁灭性的决策。在这种情况下，中层管理人员就有义务保护自己的下属。

千万不要窝里斗	086
即使最糟糕的水兵也不是无可救药	088
欢迎那些报告坏消息的人	091
保护你的下属远离疯狂的上司	098

要想成为最好，就要承担责任　　　　　100
信任也可以创造利润　　　　　　　　　107

第 6 章　注重结果 ································ **111**

在许多组织中，领导者都会任由一种压制意见的气氛在整个组织中蔓延，结果使得那些已经意识到问题的下属们不敢畅所欲言。在我看来，无论在什么样的组织中，一种勇于对权威提出质疑的组织文化至少可以把出现事故的概率降到最低点。

互助可以克服所有的障碍　　　　　　　113
广开言路　　　　　　　　　　　　　　121
把水兵从官僚体制中解放出来　　　　　125
培养一种允许失败的自由　　　　　　　127
革新的能力与一个人的头衔无关　　　　130
帮助水兵挑战自我，超越自我　　　　　135

第 7 章　理性冒险 ································ **141**

每个人都知道我并不需要只会照搬命令的鹦鹉——我需要的是那些能够自己做出决定的人。这是我第一次向水兵们展示我的领导风格，效果好极了。信任是一件强有力的武器，它可以攻破任何戒心和怀疑。

把赌注压在只为自己考虑的人身上　　　142
善于给有潜力的水兵创造机会　　　　　148

废除那些毫无意义的规则　　　　152

打破某条的确有意义的规定时，一定要

　　小心　　　　156

第8章　打破成规 ············ **161**

在有些情况下，打破现有的条框是非常必要的，就好像当初佩里决定要在所有的船上都装上卫星电视一样。今天，美国海军所有的舰艇都配备了卫星电视，这极大地鼓舞了水兵们的士气，他们不仅愿意花更多的时间出海执行任务，而且作业水平也得到了大大提高。

把主要精力集中在重要的事情上　　　163

在竞争中时刻保持领先地位　　　　167

打破成规，鼓励革新　　　　171

惠及四方的志愿活动　　　　174

显而易见的答案也可能是正确的　　　178

工作不要只出蛮力，要讲究技巧　　　179

如果你的上司是个混蛋，那么你的机会

　　就来了　　　　185

第9章　培养人才 ············ **193**

在管理"本福尔德号"的过程中，我始终告诉自己，要给予舰艇的年轻人充分的信任和尊重，让他们成为快乐而积极的人。对于一个企业来说也是如此，可以肯定地说，一名不懂得表扬下属的经理肯定不是好经理。即便在与上司打交道的过程当中，这种原则也同样适用：预知上司的需要，关心他们可能会遇到的问题，让他们感觉更加良好，让你变得不可或缺。当他们真正感到自己已经离不开你的时候，他们就会竭力帮助你实现你的目标。

小事情往往带来大区别　　　　　　　　　195
信任你周围的人，他们通常都值得你
　这样做　　　　　　　　　　　　　　202
重视新手，善待新手　　　　　　　　　206
推动所有的人一起进步　　　　　　　　210
帮助上司取得成功　　　　　　　　　　214
只要对下属充满信心，他们就不会让你
　失望！　　　　　　　　　　　　　　219
建立强大稳定的人才储备　　　　　　　223
经常向下属提出真诚的忠告　　　　　　226

第10章　同心协力 ································ 233

对于任何一个组织来说，在确立团队意识的过程中最困难的一件事就是：让人们暂时放开个人意见上的分歧，能够为整体的利益共同协作。如果我们的工程师不能让螺旋桨旋转，并把"本福尔德号"送到目的地的话，即使我们有再精密的武器，那又有什么意义呢？领导者的任务就是组建一支尽可能优良的团队，对其进行训练，然后在可能的情况下找出一种最好的方式，让所有的团队成员为了总体利益不断努力。

求同存异，同舟共济	235
严格而公平地惩罚犯事者	241
对女性不利的因素会危害整个团队	248

第 11 章　提高生活质量 259

在接管"本福尔德号"的时候，我为自己订下了三项工作重点：更好的食品，更好的训练，更多的升职。虽然把食品列为最重要的工作可能有些可笑，但事实是，美味的食品的确能提高全体水兵的士气，而且引领了整个舰艇的改革。

朋友似的融洽能造就一艘快乐的船	261
最重要的是：好的食物	264
真正做到为下属着想	268
当形势非常严峻的时候，一定要保持心态轻松	270
让水兵为自己的舰艇而自豪	272
工作出色的秘诀：玩得开心	274

第 12 章　离开"本福尔德号" 279

我在本书所讲述的内容，重点也就是本书中一些篇章的标题：树立典范、积极聆听、有效沟通、建立信任、注重结果、理性冒险、打破成规、培养人才、同心协力、提高生活质量。

尾　声　超越 ································· **292**

管理岗位是一份使命，而不是一本支票簿。要想成为一名出色的管理者，你必须拥有像沙克尔顿征服南极、摩西劈开红海一样的斗志和耐心。不仅如此，你还必须学会承担责任，而不是一味推脱。

致谢 ··· **296**

导　言

我的故事可以被称为"美国舰艇'本福尔德号'上的教育"。1997年6月，我开始接管"本福尔德号"（Benfold），并在这艘导弹驱逐舰上度过了整整两年时光。"本福尔德号"于1996年被调进美国海军太平洋舰队服役，就当时的情况来说，它实在是一艘漂亮的战争机器：钢板装甲重达8600吨；配备有当时太平洋舰队最先进的计算机化的导弹；它的雷达系统精确到可以追踪50英里^①外的一个海鸟般大小的目标；310位受过专业训练的水兵；再加上四部涡轮发动机，从而使得舰艇可以以每小时30海里^②以上的速度奔赴战场。

第一次担任舰长就指挥一艘如此先进的舰艇，这对我来说是一件非常刺激的事情，同时也给我带来了巨大的挑战。机会来了，可摆在我面前的问题也很多：美国军方在

---

① 1英里＝1609.344米。

② 1海里＝1852米。

更新战备军械装备方面可谓不遗余力，但我们在战略技术以及军事管理方面却仍沿用以前的老方法，我们不断在技术研发方面投入巨资。可正如我们所知道的那样，技术只能起到一个推动作用，真正能够在实战中发挥核心作用的是那些操作机器的人。但是我很遗憾地看到，在对人员的管理和培训方面，我们仍然存在很多不足之处。

来自各方面的统计数字是惊人的：几年来，在每年参军的20万名新兵当中，将近有35%也就是7万人左右，在服役期间因各种原因提前退役。虽然大多数人都是由于非自愿原因离开部队的，但这并不能说明他们喜欢待在部队里。即便在那些服役期满的士兵当中，也只有很少一部分人愿意延长服役期限，甚至连部队宿舍的床位都有常年空席的情况。更糟糕的是，那些有天赋的士兵通常都不愿意继续留在部队，这种情况往往会给纳税人带来巨大的损失：要知道，招募一名新兵的成本是3.5万美元，如果要对他进行培训直到掌握基本的军事技能的话，军方还要另外投入数万美元。这还只是开始，想想看，如果那些回到家乡的退役军人向亲友表示出自己对军队生活的不满的话，人们对应召入伍的热情就会降低，而军方招募新兵的难度就会大大增加。

既然国家每年拨给国防部的预算高达3250亿美元，

我们就应该承担起更多的责任。除了保卫国家安全之外，我们还应该为那些来到军队的青年士兵们提供一次能够改变其一生的人生经历，从而为国家培养更多优秀的公民，使他们能够在离开部队以后继续为社会做出更大的贡献。

虽然装备精良，但是"本福尔德号"依然存在一些问题，而且正是这些问题使得它无法充分发挥自己应有的威力。接管"本福尔德号"以后，我发现船上的水兵士气消沉，很多人都讨厌待在这艘船上，他们甚至想赶紧退役。而让我感到骄傲的是，两年之后，这种情况彻底发生了变化，"本福尔德号"的全体官兵上下一心，整个团队运作通畅，士气高昂。确切地说，很多人都这么认为："本福尔德号"变成了美国海军的一只王牌驱逐舰。

我之所以要在这里讲述我在"本福尔德号"上经历的成功与失败，不仅是因为它们本身就是一些非常有趣的故事，而且是因为它们在很大程度上对现在许多企业和组织的领导者具有借鉴和指导作用。

我相信，和在海军一样，大多数企业也都会面临和思考人才培养的问题。最近盖洛普公司进行的一项研究表明，在那些主动提出离职的员工当中，有65%的人实际上是要离开自己的老板。所以说无论是在企业还是在海军当中，领导者的失职都会在某种程度上为公司带来数额惊人的损失。据保守估计，从公司的角度来说，公司失去一名熟练工人的损失将是该工人工资的 1.5 倍——其中包括公司在生产进度上的损失、重新招聘及培训的成本。

对于任何机构的领导者来说，他们所面临的一个共同问题就是，如何从机构成员身上获得最大限度的回报，这主要取决于三个变量：领导者的需要、组织的整体氛围以及机构成员的潜力。在这本书中，我将主要讨论海军以及其他机构和组织是如何错误地处理这三个变量之间的关系的，以及这种处理方式是如何最终给他们带来惊人损失的。当然，作为讨论的最终目的，我还是希望能够帮助这些机构（无论是军队还是企业组织）的各级领导们更好地处理这三个变量之间的关系，并最终使其发挥百分之百的协同效应。

卓越的领导者总是难得一见，有些人天生就是优秀的领导者，而有的人则需要不断学习，我相信，"本福尔德号"的故事将能够为所有的机构和组织提供一些值得借鉴的东西。需要特别指出的是，无论如何，读者都不应该把我所要讲的单单理解为一位舰长和他的水兵们之间的故事。"9·11"事件之后，人们突然意识到卓越领导的重要性，在社会的各个层次——教堂、家庭、学校、医院、国会、法庭乃至白宫，只有那些卓越的领导者才能带领人们恢复正常生活。在这种机构当中，公司和军事组织——作为国家安全和经济稳定的主要推动者和守护者，尤其需要卓越的领导者。我相信，虽然恐怖袭击事件给美国带来了巨大的损失，但无论是从经济还是从军事的角度来说，美国都有助于全球经济再次实现繁荣，并在全球性的反恐协同作战中取得胜利。

危机总能催生出卓越的领导。正如我们在"9·11"事件之后看到的那样，当死亡之神从9月万里无云的天空中降临的时候，那些平凡的人们也一个个变成了英雄。我们现在或许能够无畏地面对世界上一个又一个危机，但在这个过程中，卓越的领导者将会变得愈发重要。

我希望本书能够给所有那些正和我一样经受挑战的人们带来一些帮助，我要让人们认识到，卓越的领导能力并不是天生的，也不是上司给予你的，而只能通过你的不断努力来获得。

简而言之，以往的经验告诉我，要想成为真正优秀的领导者，你必须首先真正认识自己，然后才能以此为基础去创建一个优秀的组织。领导者必须敢于解放自己的下属，让他们能够无拘无束地把自己的能力发挥到极致。可以毫不夸张地说，事实上，那些在组织机构中限制人们发挥自己能力的最大障碍来自于领导者自身，确切地说，这些障碍来自他们内心的某种恐惧、需求甚至是难以改正的习惯。所以说,要想实现整个组织机构的变革,并进而实现卓越的领导,领导者必须首先认识自己。

对自己的认识能够改变领导者在日常决策过程中的角度,能够彻底改变他们对于领导力的理解,这最终会使领导者的决策发生根本性的变化:他将完全不同于那些被自我所蒙蔽的领导者。更重要的是,领导者新的作风会在很大程度上改变别人看待他的方式,而这种改变又会反过来强化领导者的新习惯。如此循环,整个组织的气氛就会发生根本性的变化,人们对于领导者的思路会更加了解,从而他们的忠诚度也会大大增强。无论是在我的船上,还是在你的公司里,在机构成员们的同事当中,都会形成一种能够使人们的生活更有意义、目标更清晰的组织文化。

毫无疑问,你的组织有着一个非常实际的目标,而且显然,领导们不会允许任何人把自己的组织当作一个收容所。作为导弹驱逐舰的舰长,我的任务是赢得战斗;而作为公司的经理人,你的责任则是为公司创造利润。但无论处于何种机构当中,单纯依靠命令的领导方式都是行不通的。即使这种做法可能会带来一些短期的效果,它的长远后果也会是灾难性的。我的经验告诉我,只有帮助人们发挥他们的潜力,实现他们的价值,你才能完成那些在传统的"命令－控制"体制下看似不可能的任务。

就在前些年经济腾飞的时候,大量的科技公司为科技界的精英们提供了充足的就业机会,与此同时,海军部队却接收了成千上万名无缘分享经济发展果实的年轻人。我们的目标非常明确:给他们机会,把他们变成高科技精英,教他们学会操作价值数十亿美元的最新式的战争机器。更为重要的是,我们必须帮助他们建立自信,让他们觉得自己能够在任何危险或陌生的环境中为自己的国家尽一份力。我们成功了!我们没有开除任何人。我们帮助水兵们发挥了他们的潜力,实现了他们以前根本不敢想象的目标。

"本福尔德号"的骄人成绩并不一定具有代表性,因为事实上,美国海军的领导问题直到今天仍然很严重。在我看来,我们的故事更应该被看成是一种探索新的领导方式的过程,在实践这种方式的过程当中,我的伙伴们让我相信:他们是值得信赖的!

在接下来的章节,我将详细阐述我在赢得水兵们的信任时使用的一些具体方法和技巧,正是这些方法和技巧,使他们对自己的工作和我们共同的目标产生了巨大的热情和认同。本书将以我的经验教训为主线,详细描述我在"本福尔德号"上两年的生活,以及在此过程中我对领导技巧的探索。在展开叙述的过程中，我将把我的每一条经验教训作为要点，并把每一要点展开为一章，具体安排如下：如何通过树立典范的方式来实现领导（第 2 章）；如何在与下属沟通的过程中认真地聆听他们的意见和建议（第 3 章）；如何在部署任务的过程中与下属有效的沟通（第 4 章）；如何在组织中营造一种相互信任的气氛（第 5 章）；如何在实现目标的过程中把关注的重点转移到结果上面（第 6 章）；如何谨慎地冒险（第 7 章）；如何摆脱成规旧俗（第 8 章）；如何帮助人们确立自信（第 9 章）；如何实现整个组织的团结（第 10 章）；如何尽可能地提高组织成员的生活质量（第 11 章）。

在海军学院的时候，我们曾经研究过古今中外的传奇军事首领：从亚历山大到艾森豪威尔，但我却觉得我们对这些人的了解总是不够全面。虽然传记文学家对他们的辉煌战绩进行了不厌其烦的描述，可我在海军服役多年的经历却告诉我：领导的艺术往往体现在小事当中，而正是这些看起来常识一般的举动造就了整个团队的士气，提高了作战时的胜算。

领导者必须首先学会克服自身的局限，他们必须把组织的目标放在个人的利益之前，可对很多人而言，他们很难做到。从实际操作的角度来说，传统的"命令－控制"

式的领导很难激发被领导者的热情与活力。恰恰相反，我发现我给予下属的自由空间越大，他们就会越严格地执行我的命令。刚开始的时候，人们总是会在做一件事情之前征求我的同意，后来我告诉他们："这是你的船，所以你也要负起责任。你自己决定吧，让我们看看结果如何。"从那以后，"这是你的船"就成了"本福尔德号"的口号。所有的水兵都觉得管理好"本福尔德号"就是自己的职责所在。我相信，只要你的组织能够让员工确立一种"这是我的公司"的信念，你就一定能够打败所有其他竞争对手。

舰长们需要学会从水兵的角度来看待自己的船。他们需要鼓励水兵们发表自己的意见和想法，还要学会在适当的时候以一种适当的方式，向水兵们赋予责任。

走马上任之后，我开始意识到自己有两种选择：一种是保持低调，两年时间里什么也不做，也不要采取任何冒险举动。我们都知道，这是一种明哲保身的做法，事实上，在升迁的过程中，我本人也曾经是一个非常注重明哲保身的人。如果我两年间真的什么事也不做的话，我仍然会得到提升，这也是美国海军最大的问题。

第二种选择，也是一种更加危险的选择，就是实施变革，去除弊端，带领"本福尔德号"全体人员实现真正的飞跃。最终，我选择了后者。来到"本福尔德号"之前，我已经在各种岗位上工作了 16 年，却一直没有真正的领导机会，来到"本福尔德号"之后，我突然产生了一个信念，我能够领导好一艘驱逐舰，只是以前没有机会展示自己的领导能力罢了。

我相信，在企业中，和在海军部队中一样，人们总是相信"他们"不希望下属来质疑或挑战现有的规则。对于员工们来说，这里的"他们"就是指经理们；对于经理们来说，"他们"指的就是执行官的高管层。所以来到"本福尔德号"之后，我的一个工作重点就是使人们相信我希望所有人能够对现有的规则提出质疑和挑战。为了表明我的立场，我曾经顶撞过我的顶头上司。最终，我同时改变了上司和水兵们的观念。

我是如何在等级森严的海军部队里做到这一点的呢？其中一个原因就是，当时海军正面临巨大的困境，高级军官们不得不为人们提供更大的自由空间，鼓励他们更多尝试新鲜事物。但同样重要的是，我摸索出了一种可以在不必经过上司许可的情况下进行变革的方法。事实上，我学会了设身处地地为上司着想，比如说，我经常会问自己："我到底想让自己和'本福尔德号'做些什么呢？"我相信，上司所希望的，正是一艘能够在不超出预算的情况下圆满完成任务的舰艇，最好这艘舰艇还能够在完成任务的同时保持士气昂扬，并且水兵们能够认同自己的角色。在我看来，只要我能做到这几点，我的上司就不会反对我的做法，因为他会把精力放在那些没能完成这些任务的其他舰艇上面。

同时我也会比较注意自己的方法，尽量不让上司感到自己的威信或者是整个舰队的利益受到了威胁。我相信，即使是在公司里，我的做法也绝对不会让公司破产，而且也不会对任何人的职业生涯构成威胁。换句话说，我在冒险的时候总是非常谨慎，首先采取那些一定会得到上司认可的举措。而且我从来不会为了宣传自己而采取某项举措，我的目的只是要改进整个组织，这样就不会有人质疑我的动机。

可以肯定，当我实现了自己的目标之后，我的上司（一支拥有六艘舰艇的战斗中队的司令官）一定会非常惊讶。然后他就会派其他指挥官到"本福尔德号"参观考察，学习经验，结果就会使整个舰队的表现明显得到改善，所以我的冒险行为最终也会给他带来好处。我相信，对于所有希望变革组织的经理人来说，这也是一种非常值得借鉴的做法。

很多人都认为"出格"的行为会危及自己的职业生涯，

对于一个希望基业长青并不断壮大组织的领导者来说，这种想法是错误的。这样的组织更应该奖励那些敢于冒险的人，即使他们的业绩会暂时落后于其他部门。要让这些人相信提升和荣誉最终会给探索者，而不是那些只知道袖手旁观、总是在逃避进行任何变革的人。对我来说，鼓励变革就是保持整个组织永远年轻向上，并不断取得成功的关键。僵化只能意味着死亡。要么前进，要么死亡，这就是生存的法则。那些在制定之初非常有效的规定现在可能已经过时了。如果是这样的话，我们就应该尽快淘汰这些过时的规定。

当然，尝试新事物并不是一件容易的事情，因为探索者永远没有先例可以借鉴。但从另一方面来说，这也未必不是一件好事。

我曾在《快公司》(Fast Company)杂志举办的一次为期两天的会议上发表过演讲，听众多达600余人，其中包括像迪伊·霍克（Dee Hock），维萨公司（Visa）的创始人）和汤姆·彼得斯（Tom Peters，畅销书《追求卓越》的作者）这样的管理大师。演讲结束之后，听众纷纷开始提问，一时间，简直让我有些不知所措。其中最糟糕的问题是，"在确立目标的时候，你采用什么样的方式进行衡量？"

说真的，我不知道该怎样回答这个问题。我只是想改变一些传统的企业管理方式，在实施变革方面，我推翻了一些传统的企业管理理念，仅此而已。可说完之后，我明显地感觉到听众中一阵窃笑。

后来，我拨通了我妹妹康妮的电话，她拥有MBA学位，并曾在几家全国性的大型金融机构工作过。她告诉我，在决定实施任何变革之前，管理委员会总是希望变革者能够给出具体的衡量尺度。因为如果没有衡量尺度的话，就无法衡量整个变革的结果，人们也就很难对变革的效果做出评价。

可对我来说，我只知道"本福尔德号"在我上任时的情况，以及我们的大致目标。如果在实施任何变革之前都必须确定出具体的衡量尺度的话，我可能根本就无法激发出水兵们的创造力，更不可能实现后来的许多变革。

可问题是，如果没有尺度的话，人们怎么判断某种变革是否有利于组织的发展呢？我不知道。我认为，生活本身就充满了很多不确定的因素，有时候用意良好的计划也会导致一些出人意料的结果。简单地说，在决定任何事情的过程中，我的标准总是非常简单：感觉。我相信，如果你觉得自己正在做的是一件"正确的事情"的话，你就很少会走向错误的方向。

那么，如何定义一件事情是"正确"还是"错误"

的呢？正如美国最高法院前法官波特·斯图尔特（Port Stewart）对"色情"所下的定义那样，"我无法定义什么是色情，但是我一看就知道。"如果你在做一件事情的时候感觉一切正常，换句话说，你没有感到不安，那你就是在做一件正确的事情。

如果你觉得这听起来过于简单了，那我可以告诉你，无论是在海军部队，在企业，还是在日常生活中，事情就是这么简单。

我希望，而且也相信，这本书能够帮助公司的领导者意识到自己也可以成为一位非常卓越的领导者。同样，我还希望我的故事能够帮助你培养自己的自信。虽然一艘导弹驱逐舰和一家像宝洁这样的大公司绝对不是一回事，但事实上，海军部队的许多管理政策和现今许多大公司采用的规章并没有太大区别。作为一名领导者，你一定可以在自己的领域内实现一定的变革，正如我当初所做的一样。

这是你的船！

第1章
走马上任

1997年6月20日下午1点21分,正式接管"本福尔德号"之后,我开始对这份工作的重要性有了一些了解。

通常情况下,当一艘海军舰艇更换领导时,舰艇上所有的工作都会在正式交接的前两周停止。水兵们会用这两周的时间对舰艇进行一次彻底的粉刷,在甲板上搭起巨大的帐篷,按照指定顺序摆好椅子,铺好红地毯,领导们将沿着红地毯走到主席台上,对即将离任的领导进行总结评价,然后是新领导的就职仪式。当前任领导坐上快艇驶向海滩的时候,我几乎觉察到士兵中间那种"长出一口气"的感觉。

我的前任是在他家人的陪伴下离开舰艇的。当"本福尔德号"上的公共广播系统宣布他离开的消息时,很多水兵甚至不想为他送行。直到现在,每想起这件事,我都有些为他难过。

说实话,看到这种情况的时候,我首先想到的是我自己。我怎样才能保证自己在两年后离开的时候不会受到同样的对待呢?很明显,我正在接管的这艘舰艇上的水兵对自己的舰长并没有太多好感。

我想,说不定水兵们也不喜欢我,说不定他们认为我也是老套的官僚,根本不想跟我有任何形式的交流。

好吧，毕竟，舰长的任务并不是要讨人喜欢。谁都知道，对于一位军官来说，真正重要的是要得到人们的尊敬和信任。慢慢地我开始意识到，要想真正了解和管理"本福尔德号"，我还有很长的路要走。

我意识到，要适应新的情况，我就必须确立一种新的领导模式。可以说，就职仪式使我意识到，无论是在企业还是在军队中，现在的情况和以前已经完全不同了。

以前员工从来不会告诉老板自己对他们的看法。当经济形势非常乐观的时候，人们并不怕失去工作：因为总是有其他工作在等着他们。即使是那些勉强合格的员工也可以随心所欲地从一家公司跳到另一家公司，直至找到真正合适自己的工作。

但无论经济如何，21世纪的领导者所面临的一个最大的挑战就是吸引和挽留住优秀的人才——而且更重要的是，要对优秀人才进行相应的激励，从而确保他们在工作的时候能够充满激情和能量。要知道，我们所梦想的那些充满热情、头脑灵活、技术高超的人才毕竟是少数。在现实世界中，大多数领导所能做的就是帮助人们不断取得进步。

带着这些问题，我查阅了美国军方对那些要求提前退役的士兵所做的调查问卷。刚开始的时候，我以为大多数人离开部队的主要原因肯定是嫌薪水太低，可事实上，薪水问题在所有导致士兵们离开部队的因素中只占到第五位。大多数士兵要求提前退役的主要原因是他们觉得自己没有受到尊重；排在第二位的原因是他们觉得自己没有机会参与到整个组织的生活和决策当中去；名列第三的原因是他们觉得自己的意见没有受到重视；第四条原因是他们觉得自己多付出的劳动并没有得到相应的回报。这真是让我大感意外。

无独有偶，民事方面的相关研究显示，许多面临人才流失问题的组织机构对离职人员进行调查的结果也大致相同。根据最近的一项调查，在导致员工不断跳槽的原因当中，薪水太低同样只占到第五位。而排在前面四位的原因也和我前面谈到的相同。由此我得出了一个结论，无论是在企业还是在海军当中，作为领导者我们实际上都在重复着相同的错误。

作为一名驱逐舰的舰长，我甚至没有权利提高士兵们的薪水，更不要说给他们股份了。所以为了激励士气，我决定在我担任"本福尔德号"舰长的两年任期内，将致力于改变那些导致水兵们提前退役的五条原因中的前四条。原则非常简单：要想成为一名成功的舰长，我必须首先学会从水兵的角度来对待这条船。只有这样，我才能发现真正的问题，并且在这个过程当中帮助水兵们解决问题。

不错，这是一条非常简单的原则，可问题是，这条在海军中人人赞同的原则在现实生活中并没有得到真正的执行。军官们都知道要敢于放权，要给予下属一定的自由发挥空间，可事实上，他们根本不愿意从嘴里说出"我不知道"这几个字。正是由于这种心态，这些领导者总是在面对问题的时候时刻保持警惕，生恐漏掉一个细节。总而言之，我们的体制鼓励的是那种事无巨细、统统过问的领导风格——而这样做的直接后果就是分解了下属的权力。这是可以理解的，部队里面总是需要一定的纪律性，因为只有这样，才能在混乱的战场上做到调度有序。可在日常管理当中，这种管理风格会极大地损伤员工参与的积极性。

如果一艘军舰的舰长和他的各级管理人员也通过这种方式进行管理的话，水兵们参与的积极性也会大打折扣。而且我要面对310位水兵——他们随时都准备把"本福尔德号"变成美国海军太平洋舰队里最优秀的导弹驱逐舰。

事实上，我所希望的就是我的水兵们能够对得起这艘船的名字——说到这里，我恐怕需要介绍一下这艘船的历史。它是以一位美国海军看护兵爱德华 C. 本福尔德（Edward C. Benfold）的名字命名的，此人在 21 岁的时候因照顾两名美国海军士兵而牺牲在战场上。死后，他被授予国会荣誉勋章（Congressional Medal of Honor）。（巧合的是，他来自新泽西州的一个名叫奥德班的小城，那里曾经出过两位国会荣誉勋章获得者，奥德班成了美国人均获得荣誉勋章最多的城市。）

我们别无选择，只有向前——这并不容易。无论是从物理还是文化的角度来说，向前都意味着要打破现有的框架，所以"本福尔德号"的故事也同样充满了曲折和坎坷。

首先，我不同于常规的工作态度使得一些人不由得担心起来，他们甚至认为我这样做会有损军官的权威。我并没有像我的前任那样事必躬亲，仿佛水兵们都在处心积虑地把事情搞砸一样，相反，我给予他们很大的自由空间，并且相信他们都愿意竭尽全力把事情做好。我想让每一位水兵都愿意为了把"本福尔德号"打造成太平洋舰队中最优秀的导弹驱逐舰而努力。不止如此，我们还可以做得更好，我们要成为整个美国海军中最棒的驱逐舰！

首先，我相信人们总是可以找到更好的方法来完成自己的任务，有时候水兵们甚至比舰长更聪明。因此，我们就花了几个月的时间来分析船上的每个流程。我总是在问："有没有更好的方法？"一段时间之后，人们开始给出肯定的回答，其中很多答案都出乎我的意料。

我的第二个假设是，实现变革的真正秘诀在于让人们对变革的过程产生兴趣。为了达到这个目的，我开始鼓励人们从自己的工作中寻找乐趣。有时候，实际上是大多数时候，我甚至鼓励他们自己设法娱乐。

细节的改变往往能产生巨大的影响。比如说，在圣迭戈的海军基地，我决定改变官方制定的菜单和采购政策，我希望"本福尔德号"能够利用自己的后勤预算去购买水兵们真正喜欢的食物——事实证明，这些食物的价格反而要便宜一些。我甚至还派了几名厨师去烹饪学校参加培训。而他们也利用自己学到的知识大大改善了船上的伙食水平，并使得"本福尔德号"的午餐在整个圣迭戈海军基地赢得了声誉。

我们还学会了利用隐形技术来播放 MTV。相信大家都听说过隐形轰炸机，美国海军也利用同样的技术制造了许多隐形军舰。这种军舰能够最小限度地反射雷达波，从而使我们被敌人发现的概率大大降低。通过使用特制的甲板和一些能够吸收雷达波的材料，我们的隐形舰艇能够吸收或折射掉大部分的雷达波。结果，一艘重达 8600 吨、长约 154 米的驱逐舰在敌人的雷达屏幕上看起来就像是一艘打鱼船。"本福尔德号"就是这样一艘隐形军舰，它后半部分的特制甲板就像是老式汽车影院的荧幕。所以我的一位水兵就建议我利用投影仪把 MTV 投射到这几块甲板上，这样那些加油的水兵们就可以观看。结果这个娱乐项目在整个太平洋舰队掀起了轩然大波，加油也变成了一件有趣的工作。

海湾战争期间，我们连续在赤日炎炎的波斯湾驻守了 35 天，期间，我们得到了一艘装满南瓜的救生艇——要知道，南瓜在中东地区可并不常见。军需官决定自己处理这些南瓜，我同意了。在吃够了南瓜馅饼之后，我决定把剩下的分发给大家，并举办了一场南瓜灯笼比赛。

当然，创新的过程并非总是如此轻松有趣。比如说，在从圣迭戈开往波斯湾的时候，我们第一站停在了火奴鲁鲁（又译为"檀香山"）。同行的其他两艘船分别是"盖里号"和"希尔号"，两艘军舰的舰长在军衔上都高我一级。三艘军舰的协同总指挥就住在"希尔号"上。

在为期七天的航行中，我们进行了多次军事演练。在第六天的时候，我们的任务是发现并避开前方一艘装扮成敌人的美国潜水艇，该潜水艇的任务则是发现并炸沉总指挥官乘坐的"盖里号"。虽然"盖里号"的指挥官总体负责此次军事演习，可由于他的地位很高，所以到距离演习还有三天的时候，还是没有任何消息透露出来，对于我来说，这可是一次机会。从商业的角度，你可以说是"本福尔德号"的水兵们发现了一个提高自己市场份额的机会。

我把船上的声呐兵——还有其他相关军官作为见证——叫到了我的房间，命令他们设计出一套富有创新性的方案。我告诉他们要学会站在该潜水艇指挥官的角度考虑问题，"想想看，如果你是他的话，你会怎么做？"进一步地，我要求他们设计一个相应的计划来应对可能的袭击。

结果让所有人都大吃一惊——包括我在内，这些声呐兵们给出了迄今为止我所见过的最富想象力的计划。我们把它提交了上去，可总指挥官和"盖里号"的指挥官却一致否决了这项计划，在他们看来，还是使用自第二次世界大战以来一直沿用的传统战术比较安全。

在听到这个决定之后，我感到非常气愤，并马上通过无线电跟他们进行辩论。无线电是一条非常安全的回路，但所有的水兵都可以很方便地听到我们的谈话内容,于是我让大家一起参加到这场争论当中来。就这样,几乎整个"本福尔德号"都听到了我是如何顶撞自己的上司的。对方明确告诉我,"我们还是决定使用'盖里号'的作战方案。"我要求对方做出解释,希望能说服他们改变决定。不行!我只好放弃,"传统战术"最终取得了胜利。

结果,潜水艇把我们的三条军舰全部"击沉"——而且不费吹灰之力,这并没有出乎我的水兵的意料。谈到整件事的过程,我的水兵们知道我曾经为他们争取过。无论如何,我都已经尽了全力:就像他们在设计那些作战方案时那样。

第七天,我们按照计划驶入珍珠港。海军部队里的另外一条老规矩就是:船队靠岸的顺序要按指挥官的军阶而定。在三艘军舰的指挥官当中,我的军阶相对较低,所以按照惯例,"本福尔德号"不仅应该最后一个到达——也就是在当天的下午五点,它还应该第一个离开——也就是在第二天早晨七点,下一站的目的地是新加坡。

由于前面提到的潜水艇演习(以我方的大溃败告终)在当天早上的时候就已经结束,所以我觉得我们没有理由白白地在海上等着其他的船先进入港口,而且如果我们先进入的话，我的水兵们就可以在岸上度过白天。于是我再次当众打开了无线电对话系统，希望其他两位舰长能让我们先靠岸。"没门！"他们这样回复道，"一切按照原计划进行，别自找麻烦。"可我就是喜欢找麻烦，于是我拨通了总指挥官的电话，向他提出了同样的要求。他的语调也并不友好。而且事实上，刚才我和其他两位舰长的通话他全听见了。

"给我一个理由。"他说道。

"在海上漂着会消耗很多燃料，我们不应该这样浪费纳税人的钱；而且，我们的舰艇需要及时进行维修；最后，我想让我的水兵们在岸上玩一天。在我看来，这三个理由足够了。"

总指挥官清了清喉咙。然后，让所有人感到惊讶的是，他说道："好吧！"

整个"本福尔德号"都沸腾了，到处可以听到水兵们在欢呼。我们启动了所有四个引擎，开足马力，以最快的速度冲进了珍珠港——当然，这种做法根本不会节省任何燃料！我们很快地对"本福尔德号"进行了维修，中午，我们开始向怀基海滩和迈泰酒⊖进发了。正是在这个时候，他们开始真正意识到一些变革正在悄悄

⊖ 迈泰酒，一种用朗姆酒、酸橙汁和菠萝汁调合的饮料。

地进行着。

也正是在这个时候,我开始感觉到自己真正地当上了舰长——注意,不是名义上的,而是真正的。一名水兵告诉我,他们认为我关心他们以及"本福尔德号"的表现更甚于关心我自己的下一次提升。这是我得到的另一个教训:你的手下总比你想象的更加敏锐,他们知道你为他们做了什么——即使你不想让他们知道!

"本福尔德号"上有很多水兵都出身寒微。他们的家庭大都存在这样或那样的问题,他们从小在混乱不堪的环境中长大,见惯了吸毒、虐待等社会陋习。他们接受的教育大都非常糟糕,很多小孩子认为理所当然的东西,如稳定、支持和关爱,对他们来说都只能是奢求。可即便如此,他们当中还是出现了很多我迄今为止所见到的最优秀的公民。和他们相比,我要幸运得多,我有很多优秀的亲属,他们为我撑起一片蓝天。随着慢慢长大,我开始愈发地感激,甚至可以说是崇拜他们。

在1906年,我的祖父从马其顿移民到美国,并在宾夕法尼亚州的芒特尤宁定居下来。我父亲一共有11个兄弟姐妹,他和其他三个兄弟都参加了第二次世界大战。在阿登战役刚刚打响的时候,我的叔叔巴切的头盔上中了七发子弹,躺在地上昏了过去,当时所有的人都以为他已经死了。可三天之后,当其他士兵回来打扫战场时,却发现他还在喘气。最后,他活着回到了家里,而且一直活到88岁。

我的另一位叔叔凯洛是一名伞兵,第二次世界大战期间,他曾经空降到被敌人占领的法国,直接降落到了敌人的后方,成功地完成了收集情报的任务。

我的父亲当时在陆军服役,他被分配到"商船号"上当一名话务员。在布鲁克林海军基地的时候,他被告知可以从两艘军舰中任选一艘,一艘是崭新的,另一艘则已经破损不堪。或许是因为父亲总是同情弱者吧,他最后选择了那艘旧军舰。可不知由于什么原因,他最后还是被分配到了那艘新军舰上,结果这艘军舰在第一次执行任务的时候就被德国U型潜艇击中,沉入北大西洋。当时美国陆军部甚至已经发了讣告,通知祖父说我父亲在一次执行任务的时候殉难。他的津贴也被叫停了。所以,你可以想象,当收到父亲的来信时,家里的人该有多么激动。当然,在向部队证明父亲仍然活着,并要求重新恢复他的津贴的时候,接待祖父的人同样感到非常激动。

当我还是小孩子的时候,父亲经常在星期天吃午饭的时候跟我讲述他以前的经历。他就这样,一遍又一遍地重复，直到把这个故事刻在我们心里。事实证明，这些故事对我们产生了深远的影响——这可能是父亲所没有想到的。

我的母亲也为战争出了不少力。当时的阿尔图纳是一个铁路中枢，每天要处理数以百万吨计的军需品。我的母亲，当时在交换站工作，主要负责保持铁路畅通，她后来成为了一名教师。

还在我小的时候，父亲、母亲、叔叔们，还有美国全国广播公司（NBC）的新闻主持人汤姆·布罗考，我认为他们这一代是最伟大的一代，他们为国家所做出的贡献与牺牲都让我为之激动不已。记得在"本福尔德号"上第一次发表演讲的时候，我曾经告诉我的水兵，说作为我永远的榜样，父亲的事迹每天都在激励着我不断前进。事实上，直到今天，我仍然有这种感觉。

我的父母并没有赚到多少钱（我的父亲是一名社会工作者，母亲在中学教书），但这并不影响他们对我的关爱。我从来不觉得自己是一个穷人。父母给予我的是严格的管束、慷慨的鼓励、无尽的爱，还有一个稳定的家庭——54年来，我的父母一直和睦地生活在母亲那幢已经有80年历史的老房子里，相亲相爱。我相信，任何一个像我们这样有幸生活在一个稳定和睦的家庭里的人，都有义务去理解那些自幼缺少安全感、稳定和支持的人。

我们家一共有七个孩子，我排行第六。父母好不容易才把前五个孩子送进了学校，所以当我听说自己可以在美国海军学院免费接受教育的时候，我感到庆幸不已。高中时期的运动员经历帮助了我——尽管我只是一名蹩脚的足球运动员。所以我很高兴自己能在毕业的时候找到一份可以不用上夜班的工作。

在大学的时候，我的专业是政治学，可由于我所在的是海军学院，所以我所学的80%的课程都与工程、化学、物理、微积分以及其他技术课题有关，对我来说，这可是一项巨大的挑战。结果可想而知，我最终有幸以全班倒数第三名的成绩从学校毕业。

对于海军军官来说，你的第一个职位完全取决于你在海军学院时的表现。如果你选择到军舰上工作，你会看到军方把那些在学校里成绩最好的学生分到了最新最快的军舰上。我驾驶的第一艘船是又破又旧的"阿尔伯特·戴维号"。当时我感到沮丧极了，可结果证明这反而是一件好事。在那些又快又新的军舰上，往往有好几个人在同时争夺一次锻炼或学习的机会。而在"阿尔伯特·戴维号"上，虽然我仍然要跟其他人竞争这些机会，可我的机会要大多了，看来在学校成绩不好也未必是一件坏事！

而且我的上司们也都很优秀，他们的领导风格对我产生了巨大的影响——不幸的是，那是一种非常传统老套的风格，上司们总是大吼着发出命令，而且喜欢过问每一件事情。刚开始的时候，我的职位是通讯官，可由于很多军官都不敢尝试开军舰，所以我得到了不少练习的机会。舰长是个非常粗鲁的家伙，他对我们吼叫的时候简直是声嘶力竭，你甚至可以看到他脖子和前额上的青筋一根根冒出来。

记得有一次，舰长开除了舰上的反潜艇作战指挥官，然后让我这个从未接受过指挥训练的人接替他的职位。通过不断钻研，我总算取得了一些进步，也学会了指挥手下的水兵。就这样，由于结果还算令人满意，我开始得到提升，可由于总喜欢过问细节，我的管理还是存在很多问题。

我的下一个职位是到菲律宾的苏比克海湾担任美国海军舰队司令休·韦伯斯特将军的助理，任期18个月。作为主要的工作内容，我伴随韦伯斯特司令出席了所有的会议，并阅读了他的所有机密文件，我甚至代他写了大部分的信件。在这个过程当中，我了解了美国海军两星少将的工作。这段经历使我有机会从另外一个角度观察整个海军的运作，以及人们是如何跟自己的上司打交道的。我们参观了亚洲许多国家，并代表美国海军访问了中国青岛，这是二战后美国海军第一次访问中国海军！我们还在符拉迪沃斯托克观察了苏联海军的军事动向。这段经历让我至今仍倍感受益！

当时我只有25岁，很少有25岁的年轻人能有像我这样的机会从组织的高层视角来观察整个组织的运作。这是一次很好的训练机会，所以我想，企业组织也完全可以通过任命年轻人担任执行官助理的方式来锻炼培养那些有望获得提升的年轻人。

我的下一个职位是在美国海军"希尔号"上担任作战系统指挥官，这就意味着我在担任主管，全面管理一个部门，同时我还承担了战术行动指挥官的角色，要负责整个作战信息中心的运转。这是一艘很棒的船，它拥有一位非常优秀的船长，可它的执行舰长却是我在美国海军里见到过的最糟糕的军官。我于1987年来到"希尔号"，3个星期后，我们举行了第一次军事演习。演习结束之后，他把我叫到了他的船舱，直接对我说"你是我见到过的最糟糕的战术行动指挥官"。我想他说得没错，所以当时我暗下决心，一定要迎头赶上。这并不容易，可我坚持下来了，18个月以后，当我离开这艘船的时候，他不得不承认，"你是最优秀的。"

舰长和执行指挥官本来可以很容易地开除我——如果他们愿意的话，但我很渴望学习。他们觉得我的态度很好，而且具有一定的领导素质，于是就为我提供了必要的技术训练。刚开始的时候，我觉得这很困难，可他们愿意给我机会，这让我受益匪浅。这段经历使我明白，无论在什么情况下，不要轻易对你的下属失去信心，相反，你要尽一切力量去培养他们，帮助他们成长。

离开"希尔号"之后，我加入了美国海军"英格兰号"，这是一艘护航驱逐舰，我在那里从1989年一直待到1991年。我的职位仍然是作战系统指挥官，不过这次我所面临的系统要更为复杂。在"希尔号"上的时候，我的手下有80人，而现在我所面对的是120人。"沙漠盾牌行动"期间，我们在波斯湾执行任务，当时的情况非常严酷，关于这一点，我将在后面详细谈到。

离开"英格兰号"之后，我回到了美国海军人事局，负责给军官们分配工作。具体来说，我当时的工作是把军官们分配到大西洋舰队的各个工作岗位上去。我的主要工作是执行，而不是领导，我手下没有一个兵，事事都要亲力亲为，但我干得很出色。我把大西洋舰队的所有舰艇都当成自己的客户，尽心竭力地为它们提供服务。渐渐地，我开始有了一些名气，甚至连太平洋舰队的指挥官也开始给我打电话，"听说如果想在人事局办点事的话，最好的选择就是打电话给迈克尔·阿伯拉肖夫。"尽管如此，我还是要亲自完成几乎所有的工作，因为没人可供我领导。

由于工作出色，我很快被调到"希洛号"导弹巡洋舰上担任执行指挥官，"希洛号"是当时美国海军最现代化的一艘巡洋舰，它是一艘非常了不起的巡洋舰，教给我许多关于领导的知识。就是在这艘军舰上，我强烈地意识到自己应该彻底改变领导风格，只是当时我还不知道应该如何改变。

1994 年，我一生中最重要的时刻来了，我被选拔担任国防部长威廉·佩里的军事助理。当时一共有四个部门（即海陆空三军以及海军陆战队）推荐了候选人，每个部门推荐三名，这也就是说，我要跟其他十一名候选人展开竞争，所以推荐我的美国海军人事局长官告诉我不要抱太大希望。"你们并不是海军部门最优秀的人选，"他告诉我，"如果你有幸得到面试机会的话，希望你不要给我们海军丢脸。"

可结果却让人大吃一惊，我得到了这份工作，可能是与韦伯斯特将军一起工作的经历,让我学会了如何进行团队协作,以及如何与高级军官们打交道。不管怎么说,我得到了这份工作,加入了一个超一流的精英团队,而且要在新的团队中证明自己是值得信任的——我知道,我必须对国防部长办公室尽忠,并且不能对海军方面有任何偏向。

在美国军队里,这样的例子并不少见,像白宫、参谋长联席会议、国防部长办公室之类的机构经常会从部队里借调人员。由于这些机构经常会制定一些可能与被借调人员原单位利益相冲突的计划,所以这些被借调人员的处境就变得非常尴尬。在这种情况下,原来单位的领导通常会希望这些被借调人员能够及时向自己通报新的动向,从而使他们能够及时采取应对措施。

所以在通常情况下,五角大楼总是会对这些借调来的人员充满戒心。记得《时代》杂志曾经引用前国防部长唐纳德·拉姆斯菲尔德的一句话:"上帝啊,在这种情况下,我感觉自己所有的计划都会被泄露出去!就好像有人在我的脑子里装上窃听器一样。"

在这种情况下,刚刚报到的新人在开始阶段通常不会得到太多信任。所以我觉得——我当时并不知道这种想法是否正确——自己应该首先证明自己是值得信任的，不仅要佩里博士信任，还要让所有其他人都信任我。幸运的是，就在我上任后不久，前美国海军行动总指挥迈克·伯达上将告诉我，他希望我完全对国防部效忠。他还告诉我，如果有人对我施加压力、要求我泄密的话，我可以直接跟他联系，让他来处理这些问题。

就这样，我得以把几乎所有的时间都用来观察五角大楼的运作，并在此过程中逐渐学会适应这里的工作方式。渐渐地，我开始跟周围的人熟悉起来，他们也会把一些没人愿意承担的工作交给我，我总是很乐意地接受。事实上，我以前曾经说过这样一个笑话：办公室里通常有三种工作，一种是很容易完成，而且很容易被人认可的工作（这种工作主要由两星少将们来完成）；第二种是很有可能取得成功的工作；第三种是肯定会失败的工作。猜猜我被分到的是什么样的工作？值得庆幸的是，尽管我得到的几乎都是第三种工作，可我的成功率却高达75%。不过我必须得承认，有的时候完成这些工作并不容易。

在国防部长办公室，我的主要任务之一就是负责安排国防部长佩里的行程。和其他高级领导人一样，他的日程总是安排得满满的。而且一旦确定下来，他通常不能随便改变行程，有时甚至连一分钟也不能拖延。所有的会议都要准时开始,准时结束,丝毫没有商量的余地。

可对于那些高级军官们来说,他们总想尽量延长与佩里见面的时间,仿佛这样就可以提高他们得到提拔的概率。可是他们没有想到,其实佩里早已看透了他们的这套把戏。而且他们似乎也没意识到国防部长的日程安排是多么紧凑,所以我的角色就是打消他们延长与部长会面时间的念头。

比如说,有一次佩里访问沙特阿拉伯的利雅得。按照计划,佩里要接见刚刚在一次汽车爆炸事件中丧生的五位国防部职员的家属。在正式接见之前,空军的一位两星少将会向我们简要介绍整个事件的来龙去脉。虽然这个简介非常重要,可慰问家属才是我们此行的真正目的。

当然,这位将军可不肯轻易放弃这次难得一遇的机会,于是他便喋喋不休地展开了介绍。规定的时间马上就要到了,可这位将军丝毫没有停下来的意思,于是我只好打断他,说会见的时间到了,我们必须马上离开。佩里于是起身离开。那位将军一把抓住了我的胳膊,开始对我大加训斥,说从来没有人敢让他这么难堪。可在我看来,我的做法并不过分,事实上,在有些情况下,采取这种看起来不是十分礼貌的做法也是非常有必要的。

这份工作让我对机构政治有了更多了解。我发现了一种节省纳税人的钱的新方法，并通过努力把它变成了一项政策。我之所以能够做到这一点，主要原因就在于我敢于蔑视海军的一些已经过时的指导方针，它们浪费了纳税人的钱，所以必须加以修正。

在观察五角大楼的内部政治的同时，我还把自己的注意力转向了一些更为重大的问题上：海军部队的人员流失问题。在接管"本福尔德号"之后，我曾暗下决心，一定要彻底改变这种状况。

现在，事实证明，我已经取得了成功。

虽然早期的职业生涯使我养成了一些不好的领导风格，可同时我也意识到，要想真正无愧于我的家人，我就必须离开自己的安乐窝，重新规划自己的方向。幸运的是，除了家人之外，我还遇到了其他一些值得我学习的榜样，最明显的就是佩里部长。为了做出更大的贡献，我必须学会面对海军部队中的一切陈规陋习，并尽自己的力量去改变它们。虽然这个目标看起来有些异想天开，可我还是不断告诫自己要努力去尝试。我或许永远不可能再次得到提升，但我觉得冒这个险还是值得的。我梦想能够过上一种足以让自己感到自豪的生活；我希望自己能够对年轻人的生活产生一些积极的影响；我想让自己所在的组织成为最优秀的组织，而且我不想浪费自己的机会。我已经懂得了这样一个真理：一旦浪费机会，它可能永远都不会再次光临。我可不希望在自己90岁的某一天，当我回首往事的时候，会对自己说，"如果我当时……"之类的话。

刚开始的时候，我感到一种强烈的恐惧，甚至开始对自己的做法产生怀疑。我从来没有独自担任过一个机构的领导，而且我总是在不断问自己："这样做是正确的吗？"可我必须这样做，因为我并不是在为自己，而是在为我的水兵们。我希望他们能在海军中得到让自己受用一生的经历，而且我不想让这些孩子的家长们感到失望。除此之外，我也对海军部队充满感情——虽然它的很多方面都已经明显落后于时代。

我绝对不是不尊重美国海军。毕竟，它曾经为美利坚做出过巨大的贡献，曾经赢得了历史上最伟大的海战。可今天的海军已经完全不同于以往了。比如说，"本福尔德号"的结构要比20年前的大部分军舰复杂得多。其火力之强，精确度之高，可能是20年前的10艘军舰加在一起都比不上的。由于结构极其复杂，它几乎每一秒钟都在发送出大量的信息流，需要水兵们吸收、处理、消化，并及时采取相应的行动。运转这条船本身就需要极强的协作，因为和商业竞争一样，任何人都不可能在所有领域中都拿第一。正因为如此,无论是在军舰上还是在公司里,领导者都要学会不断挑战自己的员工,让他们不断突破自我,取得更大的进步。考虑到当今时代这惊人的变化速度,领导者更要找到一种全新的方式来激励人们不断向前。

我们在"本福尔德号"上做到了这一点。我绝不是在吹牛,有数据为证。

1998会计年度,我们只消耗了75%的年度预算,这主要是因为我们的水兵敢于对一些传统的做法提出质疑,并想出了一些更好的方法来完成他们的工作。比如说,我们把那些可能会"降低工作水平"的设备故障数量从1997年的75例降低到1998年的24例。结果,整艘军舰的维护费用节省了60万美元,维修费用则节省了80万美元。当然,作为回报,这些钱全部被打入了我们下一年度的财政预算。第二年的时候,我们在上一年的水平上再次实现了10%的节约,当然,这笔钱又被打入了第三年的预算金额。

与此同时,就在这两年当中,"本福尔德号"的战斗力不断攀升。1997年伊拉克武器核查危机的时候,我们的军舰曾经在波斯湾待命100天,在此期间,我们成为了海湾舰队里最优秀的军舰,完成了最具有挑战性的任务。我们的射击得分值在整个太平洋舰队里都是最高的。我们还为海军预演训练（为准备下次作战而进行的军事演习）创下了新纪录。按照惯例，预演通常需要52天（其中有22天是在港口里，30天在大海上），可我们只用了19天就完成了，这为我们赢得了33天宝贵的休息时间。

当我接管"本福尔德号"的时候，海军总体的留任率都是很低的，愿意延长服役期限的人员不到退役人数的一半。虽然海军部规定，服役期满二十年的海军人员可以获得丰厚的退休津贴，可还是很少有人愿意在服役期满后继续留下来。"本福尔德号"本身就是一个很好的例子，它的留任率不到28%。总而言之，就在近3/4的水兵选择离开的时候，海军却对稳定的士官和专家群体有着迫切的需求。

"本福尔德号"的留任率后来有了什么样的变化呢？我们还是让数字来说明问题吧。两年时间内，"本福尔德号"上最为关键的两类军种的留任率由原来的28%上升到100%，并且一直保持这个水平。"本福尔德号"所有的水兵都愿意延长服役期限。这为纳税人节省了大笔资金，因为如果重新招募新兵的话，仅培训一项的费用就高达每人10万美元。除了节省预算之外，高留任率还有很多其他的好处。

当我接管"本福尔德号"的时候,我意识到没有一个人,包括我在内,能够做出所有决策。我必须训练自己的手下学会独立思考,并根据自己的思考做出判断。在我看来,所谓授权,就是先给组织成员们确定一定的规范,然后让他们自由发挥。

可怎样才算自由呢?它的限度是怎样的呢?

我的做法是:当一项决策可能会伤害甚至杀害一个人、浪费纳税人的钱或是对军舰造成损害的时候,我就必须亲自过问。除此之外,在自己的工作范围之内,水兵可以根据情况自己做出决策。即使他们的决策是错误的,我也会支持他们——我只是希望他们能够从自己的错误中吸取教训。后来的结果证明,被赋予的责任越多,他们学到的东西也就越多。

通过把实际效果作为评估水兵的重点,我们把所有的环节都变成了一个学习的机会。为了做到这一点,我们还采取了其他一些相关措施,确保所有的水兵都有时间和动力来适应和钻研自己的工作。要知道,在"本福尔德号"上,仅仅"合格"是远远不够的。

结果,我们的提升率创造了新的历史纪录。在海军部队,一个人获得提升的机会在很大程度上取决于你在标准化测试时的表现。几乎所有那些准备获得提升的人都会在同一时间参加这种测试，而只有那些得分最高的人才会获得提升。在我1997年接管"本福尔德号"的时候，水兵们的提升率低于全军平均水平。可短短一年之后，我就对86名水兵进行了提升，这极大地增强了这艘军舰1/3的水兵的自信心。现在，"本福尔德号"水兵的提升率是海军部队平均水平的两倍。

事实上，"本福尔德号"上的新环境为整艘军舰确立了一种互相帮助、放松而不失纪律性、鼓励创新性和幽默感的组织文化。大家注意到：就在我接管"本福尔德号"之后7个月，我们赢得了斯波堪奖（Spokane Trophy）——这是1908年海军出身的总统西奥多·罗斯福亲自确立的奖项，它每年颁发一次，获奖者通常是太平洋舰队中战备水平最高的军舰。

得到这一奖项之后不久，我的上司给我发来一封电子邮件表示祝贺。"但千万不可骄傲自满！"他警告说。他所领导的军舰曾经在大西洋舰队中得到过类似的奖项，并且创造过海军有史以来的最高射击纪录：103.6分（该项比赛的总分是105分）。"除非你能在这一成绩上超过我，"他写道，"否则我就不想再听到'本福尔德号'的叫嚣。"

两个星期之后，我们安排了一场射击比赛。我并没有对水兵们进行兴师动众的动员，而只是把这封电子邮件转发给他们。结果呢？我们得了104.4分。事后，我的上司又给我发了一封电子邮件。即使不读我也知道，整个"本福尔德号"那天都感到扬眉吐气。

在以后的日子里，"本福尔德号"接连打破了很多太平洋舰队的纪录。坦白地说，我并没有直接参与到这些壮举当中——我把自己的工作定义为创造一个能够让水兵们充分释放能量的气氛。我相信，只要有了适当的气氛，他们就会爆发出惊人的创造力。

第2章
树立典范

在大多数人看来，海军舰长的工作就是穿上带金边的军服，然后冲着下属发号施令。事实并非如此，发号施令并不能帮助领导者实现自己的意图。真正的领导是通过以身作则来实现的，而不是简单的行政命令。

无论你喜欢与否，你的做法都会成为组织其他成员的榜样。你对他们有着巨大的影响，他们事事都会从你身上寻找原型。如果他们看到你没有认真执行一项你不同意的政策，他们就会觉得自己也可以这样做；如果他们发现你没有说实话，他们就会认为自己也可以撒谎；同样，如果他们看到你挑战权威，他们也就会变得敢于打破成规。就这样，在这个过程当中，一个组织的文化就开始慢慢形成了。每当有军官向我提出建议的时候，我总是会问："为什么我们必须这样做？难道没有更好的方式吗？"于是在每次向我提出建议之前，他们会事先考虑出一些更好的方式。这说明领导者释放的信号是非常重要的。所以说，领导者的每一个决定和每一个行动都是对下属的一次绝好的培训机会。

可笑的是，问题常出在你自己身上

当水兵们没能达到让我满意的结果时，我总是首先克制住自己，坚决不让自己发脾气，然后我会仔细地进行一番自我反省，看看问题是否出在自己身上。通常情况下，我会问自己三个问题：我是否清晰地告诉了对方他的目标？我是否给了对方足够的时间和资源来实现这一目标？我是否对其进行了必要的培训？结果我发现，90%的时候，问题都是出在我自己身上，或者说我至少应该对问题负一部分责任。

第一次接受这个教训的时候是在菲律宾，当时我还是韦伯斯特司令的助理。每位司令官都有自己专用的船只，通常是一艘可以用来娱乐或巡视的豪华游艇。韦伯斯特司令也不例外，而作为他的助理，我的工作之一就是照管这艘游艇，可问题是，除了我之外，这艘游艇并没有专人负责维护。

记得有一次，韦伯斯特和我一起来到苏比克海湾，他决定要乘坐这艘游艇。于是我从海港的其他船上调派了两名水兵来负责驾驶游艇，然后韦伯斯特司令就和我一起前往海湾之外的一座小岛。可是在回来的路上，游艇突然抛锚了。我们在大海上漂流了大约一小时。更为糟糕的是，就在这段时间里，我们的无线电也出了问题。于是司令官说道："把我的旗降下来！"通常情况下，当一位司令官或者将军在一艘船上的时候，他会让人升起他的旗子，可显然，韦伯斯特司令并不想让人们看到他无助的样子。你可以想象当时我的处境是多么难过。最后，一艘垃圾驳船经过，我招手让对方停了下来。船上的垃圾工人扔给我们一条绳子，把我们拖回港口，在此期间，司令一直躲在船舱里没有露面。

我从来没见过韦伯斯特那样生气过，我甚至可以明显地感觉到他的怒气。我有很多借口——没有专人或工具来维持游艇的运作。可到了那天晚上，我还是决定由自己来承担全部责任，毕竟，我应该做好更充分的准备。

不用说，在余下的时间里，我更加用心地维护这艘游艇，再也没有出过任何问题。

多年以来，我所学到的一个最重要的教训就是：要时刻做好准备，因为任何一点小的差错都可能导致很严重的后果。1994年发生的一件事情让我至今记忆犹新，当时我还是"希洛号"上的一名执行指挥官。一位水兵在站岗的时候睡着了，这可是非常严重的失职，甚至可能给整艘军舰带来致命的威胁。于是这位年轻水兵的名字被写进了报告（这就意味着他可能要负刑事责任），而我则必须决定是否要把这件案子送交法官（也就是"希洛号"的指挥官）审判。

事情很明白，如果你在站岗的时候睡觉的话，那就是犯罪。于是我就把这名水兵送到舰长那里接受惩罚，并且没有继续做任何深入的调查。

让我感到惊讶的是，舰长居然问这位水兵为什么会在站岗的时候睡觉。水兵说他一整夜都在工作场所打扫卫生。为什么要在夜里打扫卫生呢？因为上司让我们必须在早上 8 点之前完成。"军士长，你为什么不给他更多时间呢？""因为执行指挥官要求我必须在 8 点之前完成。"我立刻看出了问题所在，马上开始浑身冒汗。就这样，事情的原委一点点被揭开，我也变得如坐针毡。最后，当我听有人说"执行指挥官要求我必须在 8 点之前完成"的时候，我简直要崩溃了。

我怎么知道他们会让一个要在白天站岗的水兵来负责打扫呢？可事实上，我至少应该给下属一个机会，让他们能够向我解释为什么我的要求是不合理的。所以归根结底，问题还是出在我身上，我并没有了解到所有的事实，没有意识到他们并没有足够的资源在我规定的时间内完成我所布置的工作。就这样，舰长没有对那位水兵进行任何惩罚，我觉得自己简直就是个不折不扣的白痴。我告诉自己，以后绝不要再犯这样的错误了。从那以后，在发布任何一项命令的时候，我都会仔细考虑是否清晰地阐述了目标，是否为执行者提供了足够的资源以及必要的培训。

当然，类似的问题总是会再次发生，因为领导者总有考虑不到的地方。

绝不要忽略你对下属可能产生的影响

领导者们需要知道自己会对下属产生深刻的影响，自己的乐观和悲观情绪会同样富有感染力，而且自己的表现会影响到周围所有人的情绪。

有多少次，当你走进上司的办公室的时候，你感到自己受到了轻视？比如说，他可能正在查收电子邮件，根本顾不上跟你打招呼；或者你的上司在跟你谈话的时候不断接听电话，因为他似乎认为电话要比你更加重要。或者更糟糕的是，他甚至对你或你的工作不屑一顾。

平庸的领导者甚至不愿意花时间去了解自己的下属。我的前任就曾经和当时的一位名叫布莱恩·亚历山大的水兵之间发生过这么一件事：当时舰长刚刚巡查完军舰，他突然在走廊上叫住了布莱恩，问他是不是新来的。事实上，布莱恩在"本福尔德号"还没有下海的时候就来报到了。可他并没有说明这一点，而是正视对方，尊敬地问道："是的，先生，我是新来的。请问你的职位是什么？"我的前任指了指自己军服上的胸针，说道，"你难道认不出它吗？我是这艘船的指挥官。"布莱恩说很高兴见到他。旁边两位看到这一幕的水兵差点没笑掉大牙。

作为一名经理人，你应该不断地向下属们传达的一个信号就是：他们对你很重要。事实上，没有什么事情比他们更重要。意识到你的影响之后，你就应该明智地使用它，一定要重视你的下属。要努力去了解他们，尊重他们，意识到你对他们的影响，想想看，你能为他们做点什么？

离开"本福尔德号"之后，我成了一位高级文职执行官的助理。每次我的上司因为各种原因不能出席星期一的例会时，我总是会代他参加。这些都是一些很难对付的会议，因为负责组织会议的官员并不是很善于处理批评意见，尤其是当这些意见指向他的直接下属时。如果你指出他的工作存在一些问题，他马上就会暴跳如雷，仿佛要跟屋子里的每个人吵上一架。在我看来，他并不知道自己的这种做法只会让其他人保持沉默——当然，他的做法也传达了他对批评者的回答：我的工作没有任何问题，不需要改进。

虽然他是一位很有天分的领导，可在我看来，他对待批评意见的态度明显不利于我们改进海军部队当中存在的一些痼疾。我必须想办法解决这个问题。于是我给他发了一封电子邮件,其中我试图尽量委婉地告诉他我的看法,并使他明白他的做法只会扼杀下属们的积极性。我建议,他应该考虑一下克制自己的情绪。

猜猜结果怎样?他给我回了一封电子邮件,说道:"你是对的。我并没有意识到自己对周围人的影响。既然你已经指出来了,我以后就应该多加克制。"而且事实上,他的确是在不断改进。想想看,如果我不是写电子邮件,而是跟他当面对抗的话,结果将完全是另一个样子。

给他发这封邮件并不是为了我的私人利益,这本身就是我能够取得成功的一个关键因素。我明确地告诉他,我唯一的目的就是帮助海军不断改进,所有的功劳都归于我的上司,而不是我。相反,如果我采取一些被别人认为是出风头的做法的话,我很可能早就被排挤出局了。所以在发表意见或建议的时候,你首先应该考虑一下自己的动机,而且在表达的时候,也要注意自己的方法。

众所周知,所有的领导都会对自己整个组织运作的基调产生影响。比如说,一位充满热情的领导就会塑造出一个充满热情的组织。反之亦如此:如果领导者今天心情不好,整个工作氛围都会是一片灰色。

可问题是，遇到心情不好的时候，领导者又该怎么办呢？关键是要尽量减少你的心情可能会对你的组织产生的影响。我的水兵把坏心情称为"阴暗面"。由于海军向来是全天候运作的，所以如果出现任何问题的话，水兵们会立即给我打电话。一段时间之后，水兵们发现，如果我在夜间被叫醒的频率过高的话，我的睡眠就会减少，我在第二天的心情也就会越糟糕。于是他们就把夜里叫醒我的次数记录下来，如果一夜超过四次，或者如果我不得不到舰上巡查，他们就会知道我第二天的心情肯定好不了。我后来发现，在起床号（早晨 6 点）响之后，水兵们就会纷纷转告夜里我被叫醒的次数。记得有一次，我一夜没有睡觉，第二天，一位 19 岁的水兵走到我面前对我说："舰长，人们说今天会是'阴暗面'。"现在想起这件事情，我都忍不住想笑。可通过这件事情，我意识到：每个人都会有心情不好的时候，关键是看你如何处理它。我的方法是：如果我今天心情不好的话，我就会尽量减少与水兵们的直接接触，这样我至少就不会无故地伤害别人。

领导者应知道怎样承担责任

在海军服役的那么多年，每个人都难免会出一些事故，或者是犯一些错误：比如说在进行演习的时候；在移动大型设备的时候；在进行战术训练的时候，等等。坦白地说，其中有很多事故是在所难免的。可问题是，这些在所难免的错误无疑会给纳税人造成数以百万计的经济损失。

当这些事故出现的时候，我总是吃惊地发现每个人都在推卸责任。这或许是人类的本性，没有人愿意在出现重大问题的时候成为被责备的对象。可在我看来，真正优秀的领导者知道应该在什么时候站出来，承担责任。

从个人的角度来说，我喜欢生活在一个能够允许人们坦白地承认错误，并肩负起责任的环境里。当事故发生以后，更重要而且更有用的是分析事故，并确保此类事故不会再次发生，而不是寻找责任人。作为一名舰长，我不想在自己的舰上建立一种互相推卸责任的组织文化。

《华盛顿邮报》的测试

毫无疑问，在接管"本福尔德号"的时候，我的目标是使它成为美国海军历史上最优秀的舰艇。可这并不意味着我要为实现这一目标而不择手段。事实上，我总是非常小心地避免犯任何道德上的错误。如何判断一个决策是否有违道德准则呢？很简单，每次要做出重大决策的时候，我总是会问自己：如果我要做的事情被刊登在明天《华盛顿邮报》的头版，我该感到骄傲还是难堪？如果我知道答案是后者的话，我肯定会取消这一决策；相反，如果是前者的话，我就会选择坚持下去。

目标是重要的。而实现目标的方法也同样重要。这听上去非常简单，可正像我前面说过的那样，把简单的事情做正确并不容易。忘了那些乱七八糟的办公室政治吧，也不要担心你的举动是否会让某些人不高兴，如果你认为一件事是正确的话，我唯一的建议就是：找到一种方法，规避掉那些恼人的办公室政治，然后把它付诸执行。

在很多情况下，即使在回过头进行分析的时候，你也不能百分之百地肯定某件事情是否正确。在这种情况下，你就更加需要勇气。让我感到自豪的是，在担任"本福尔德号"舰长期间，我经常鼓励下属们要勇于进行大胆的尝试。

由于作战是一种集体行动，所以当"本福尔德号"还在大海上航行的时候，没有人可以随便请假——除非是水兵的家人得了重病，我们才会用飞机把他送回家。通常情况下，我们不会让水兵因为孩子出生等情况请假。可有一次，我手下一位最重要的军官突然要求我破一次例。根据医生的估计，他的妻子会在我们离开圣迭戈前往波斯湾后的第三天生孩子，可如果他不跟我们一起走的话，他就会错过我们在去火奴鲁鲁的路上进行的一次重要演习。

这件事情让我在内心斗争了很长时间。很多人都没有机会看到自己孩子的出生，我也不想为这位军官破例。可最后，我还是决定要冒一次险。从海军部队的角度来说，我可能是做出了一个错误的决定，可事实上，我的这个决定也得到了军舰上其他一些高级军官的支持。

就在我们离开后第四天，孩子出生了，可整个过程并不顺利，整整一个月过去了，孩子时刻都处在生死的边缘。根据海军部队的规定，由于家人得了重病，这位军官完全有理由请假。事实上，他的假期不止一个星期，而是整整六个星期。现在回想起来，我当时坚持认为应该让他留在妻子的身边，照顾产后体虚的妻子和时刻有生命危险的孩子，事实证明，我当时的决定是正确的。这个孩子今年已经四岁，健康极了。

我想，即使把整件事情刊登在《华盛顿邮报》的头版，我也丝毫不会感到惭愧。

从那以后，我对"本福尔德号"上的产假政策进行了修改：除非正在打仗，否则所有的军官和普通士兵都有权享受产假。

即使你不同意，也要学会遵守

在很多情况下，你的上司会制定出一些你不同意的政策，但我建议你还是应该严格遵守。向上司表明你的反对意见是很重要的，但如果你最终没能说服上司的话，你还是应该严格遵守这些政策——就好像你百分之百赞同它们那样。

毫无疑问，在战场上，做到这一点是非常重要的。水兵们当然不能把舰长的命令当耳旁风，那样可能会使全体水兵的生命受到威胁。想想看，当有一发导弹正向我们飞来，我命令手下反击的时候，我必须百分之百地确保自己的命令能够立即得到严格执行。

不可破坏上司的权威性，这一点也是非常重要的。在任何组织当中，你都应该让下属相信，你完全支持上司的决定。否则的话，如果他们发现你只不过是在敷衍上司，他们也就会以同样的态度对待你。

听我讲述我在海上的经历以及我对于领导的观点时，有些人会以为我的整个海军生涯就是在嘲弄权威，或者是在海军司令面前耍弄伎俩。事实恰恰相反。我从来没有做出过任何超出权限范围或者是有违海军政策的事情。我对自己有着清晰的定位：我是"本福尔德号"的舰长，而且从根本上说，我只不过是这个40万人的大组织当中的一个中层经理罢了。

不错，我的确对海军的人事政策有些看法，而且我希望能够通过自己的力量对它进行一些改革，可这并不意味着我梦想自己能够凭借一己之力来彻底推翻整个海军多年形成的政策体制。我当然不会存在这种幻想，在我看来，要想达到自己的目标，最好的途径就是最大限度地利用自己当前所拥有的权限，并逐渐说服上司接受我的观点，因为只有这样，我才能够在不违反上司权威的情况下把自己的建议付诸实施。

当我接受一项自己不同意的任务时，我总是设法先征求下属们的意见，希望能够找到更好的方法来完成任务，这当然没有错。事实上，我的上司们总是很欣赏我的诚实。如果我能够提出更好的方法的话，他们通常会愿意听我解释。而且到最后，他们总是会对我们所取得的成就表示赞赏——并开始对我越来越有信心。

第3章
积极聆听

事实上，我学习领导技巧开始于在华盛顿的时候，是从观察威廉·佩里的一言一行中学来的。他是一位很受欢迎的人，各国元首、外交官、国防部长还有美国军队和盟友都很喜欢他。他之所以能够做到这一点，其中一个很重要的原因就是他非常注重聆听的技巧。无论谈话对象是谁，他都会把全部注意力放在对方身上，绝不会左顾右盼。由于他非常注意尊重别人，所以人们都喜欢跟他在一起，这使我意识到：我也应该用同样的方式来影响别人。

就这样，佩里成了我的榜样。但是真正彻底地改变了我的领导风格的，还是后来发生的一件事情。这是一次让人感到痛苦的经历，可对我却非常关键，它使我真正意识到了聆听别人的重要性。佩里使我意识到了自己在聆听方面做得并不够。我不止一次地问自己："当一位下属走进办公室的时候，我是否真正地给予了对方应有的重视？"我只是在等待着对方讲完，然后发布命令——事实上，可能我并没有真正地听到他到底在讲些什么。

慢慢地，我开始为自己确立一个新的目标。就在接管"本福尔德号"之后不久，我暗暗发誓：要把自己与船上每个人的每次碰面当作当时最重要的事情来处理。

这对我来说并不容易，而且我做得也并不是很好，可水兵们的热情还是促使我坚持了下来。

从水兵的角度看问题

没过多长时间，我就开始意识到："本福尔德号"上的水兵都是非常聪明的，他们有很多绝妙的创意——可能只是没有得到应有的重视。和大多数组织一样，海军部队只是把它的"经理人"当成是一个传达命令的枢纽，结果使得他们聆听下属意见和建议的热情大大降低。

发现这些问题之后，我决定在今后的工作中一定要注意聆听，努力从水兵们的提议中发掘出一些能够改变"本福尔德号"的好点子。对于有些人来说，这种做法可能显得有些怪异，可在我看来，这只是常识罢了。毕竟，那些从事具体工作的人能够看出很多长官们发现不了的问题，所以谨慎的领导者应该注重聆听下属的建议和意见。为了做到这一点，我首先强迫自己记住所有水兵的名字。想想看，要把310个姓名和310副面孔对应起来，这并不是一件简单的事情。可我再次坚持了下来。

一天凌晨两点，我突然醒来，对自己说："要想在'本福尔德号'上形成正确的组织文化，我唯一的方式就是亲自面对面地跟每一个水兵进行交流，告诉他们我要创建的组织文化是什么样子。"我决定从第二天开始跟船上的每一个成员进行面对面的交谈，让他们能够直接地跟我进行交流。

第二天早晨，我一大早就赶到办公室，并开始跟水兵们进行一对一的谈话，每次一位，一天五次。我知道自己的目标是什么：确立一种完全不同的组织文化。所以在刚开始的时候，我会问每个水兵几个最基本的问题：你叫什么名字？你从哪儿来？你结婚了吗？我还会问他们是否有孩子了？如果有的话，孩子叫什么名字？（一段时间之后，我不仅记住了每位水兵的名字，还记住了他们配偶的名字）然后我们会谈到一些关于"本福尔德号"的问题：你最喜欢它哪一点？最不喜欢哪一点？如果可能的话，你希望我们做出哪些改变？

我试图通过这种方式与每一位水兵建立起一种私人关系。我希望我们之间能够达成一种一致的目标，因为只有这样，他们才能够把自己的命运与"本福尔德号"联系起来，真正贡献出自己的才智和力量，也才能够在自己的工作中发现真正的意义。

有的时候，我还会问水兵们一些更加详细的问题：你们对高中阶段的生活有哪些特殊的回忆？你们对自己的家乡感觉如何？我还会问他们是否希望在海军中有更长久的发展？怎样规划自己的未来？哦，对了，我总是会问他们为什么会加入海军。通过聆听他们的谈话，我发现50%的人参军的目的都非常简单：他们的家庭无法支持他们继续读书，有30%的人是为了远离家乡的糟糕的环境——比如说毒品、流氓集团、暴力犯罪，等等。有些人的故事听起来真是让人心碎。

记得有一位水兵，在他很小的时候，他的父母就在一次车祸中丧生，他由一位远亲抚养成人。还有一位水兵自幼生长在一个非常混乱的社区里，几乎每天夜里都可以听到附近的流氓团伙在开枪火并。还有一位水兵的故事也非常感人，他的父母是一对移民，当初来到美国的时候，他们一贫如洗，为了抚养儿女长大成人，他们几乎干过了所有能够找到的工作。

在跟我谈过话的水兵当中，几乎没有一位是含着银勺子长大的，他们都是一些年轻、优秀、勤奋的年轻人，每个人都有着各自不同的遭遇，可他们有一点是相同的：每个人都在努力地寻找生活的意义。事实上，这也正是他们参加海军的最强大的动力所在。我相信，这样的人绝对值得我们去理解和尊重。

谈话结束之后，我的心理开始发生了一些变化。我开始对我的水兵们有了更深的尊重。对于我来说，他们不再是任凭我发号施令的士兵，他们和我一样，都有着自己的希望、理想、爱人，他们都相信自己从事的是一项伟大的工作，都希望能够通过辛勤工作来获得别人的尊重和认可。

就这样，我开始成为他们最踊跃的啦啦队成员。想想看，对于那些你真正尊重和理解的人，你怎么可能不喜欢他们呢？当你意识到他们的工作不仅会为整个组织增添荣誉，也会为整个社会做出贡献的时候，你怎么会不尊重他们呢？从我个人的角度来说，我希望自己能够帮助他们寻找到自己人生的目标，并通过不断努力来实现它们。

值得一提的是，在跟我谈话的水兵当中，大多数人以前都从来没进过舰长的办公室。所以谈话刚开始的时候，很多人都会显得有些拘束，可一旦发现我是非常真诚的，他们的反应马上就变得非常强烈。我在自己的办公桌上安装了一个麦克风，一旦我听到水兵们提出了好的建议，我就会打开麦克风，让整个"本福尔德号"都能听到。我并不需要通过一个管理委员会来确定一项政策，因为发现一个好的提议有时只需要五分钟。

根据谈话的内容，我把船上的所有工作编成了两个清单。清单 A 包括所有的关键职位；清单 B 则是一些并不能给我们带来任何价值的附加工作，比如说粉刷油漆之类的烦琐而重复的工作。

我首先把工作重点放在解决 B 类工作上。在谈话的过程中，我从一位水兵那里得知，仅仅是给军舰刷油漆的工作，我们每年就要重复六次。每隔一个月，我们这些年轻的水兵就不得不花费几天的时间来擦掉船上的锈迹，并重新刷上油漆。这其实是一种巨大的时间和精力的浪费，无论从心理上还是从生理上来说，它都会极大地损伤整个团队的士气。

这位水兵提出了一个更好的建议：使用不锈钢结合件来代替那些材料，这样就可以大大减少我们每年粉刷油漆的次数。"这是个很好的主意。"我说道。然后我们一起检查了海军的后勤系统。很遗憾的是，我们并没有这些不锈钢结合件的存货。于是我决定在最近的家得宝（Home Depot）以及其他几家商店采购，我们用"本福尔德号"的信用卡购买了几千美元的不锈钢结合件。结果证明，安装完这些零件之后，我们每年对军舰进行粉刷的次数减少为一次。而且，顺便说一句，我们的这种做法迅速传遍了整个海军舰队。

接下来，我们检查了船上所有可以移动而又容易生锈的金属零件。当时有一种相对先进的保护金属表面的方法，即先消除金属表面的杂质，然后再喷上一层可以防止生锈的油漆，这样就可以大大提高金属的防锈能力。当时这种方法已经在海军内部得到应用，可由于所需设备的规格问题，导致这种方法的应用范围受到很大的局限。所以我们只好在圣迭戈找到一家能够处理这项工作的公司来合作。整个处理过程大约耗资 2.5 万美元，但却可以保证我们在今后的几年时间里都无须再对军舰进行粉刷。就这样，在我的任期内，"本福尔德号"上的水兵们再也没有碰过油漆刷。他们有了更多的时间来完成自己的工作，整艘军舰的运作水平也因此得到了明显的提高。

量才适用

与水兵们交谈之后，我开始考虑把他们的个人和职业目标跟我们需要完成的工作结合起来。有的时候，当我们遇到一些非常规的工作时，我马上就会在大脑中的数据库里进行搜索，努力找到那些对这些工作可能会感兴趣的人。

对下属的了解本身就是一笔巨大的财富，它可以使人们更好地完成工作，甚至包括那些极为烦琐沉重的工作。

我是在"希洛号"上担任执行指挥官的时候开始意

识到这一点的。执行指挥官是整个海军中最为烦琐的工作之一，它的职位仅次于舰长，除此之外，执行指挥官还要负责整艘军舰的文件处理和其他相关运作。就当时的情况而言，"希洛号"一共有440名水兵，这就意味着我每年需要进行440次人员评估，需要做440份表现纪录、培训纪录、津贴纪录、医疗纪录、牙齿保健纪录和档案纪录。一想到每年我们会因为这些纪录而消耗掉多少张纸，需要砍掉多少棵大树，我就忍不住打个寒战。我当时的行政助理是一个非常平庸的家伙，他获得提升的主要原因就是他比其他人服役的时间要长一些，仅此而已。他不会打字，不会校对，甚至都不会做拼写检查——总而言之，他能做的事情很少，而且工作效率极低。记得有一次，他竟然为了度假而把一堆错误百出的文件留给我处理。

没过多久，戴维·劳尔，一位21岁的海员因为无法适应工作而被行政管理办公室调到我身边。而且更为糟糕的是，这位年轻人还被指控"违反上级指令"。所以刚开始的时候，我并没有对他抱有太大希望，"只要他能帮助我处理一些行政管理方面的杂事，让我能够安心负责一艘导弹驱逐舰上真正的工作就行了。"

他前来报到之后，我对他进行了简单的工作描述，然后就忙着做自己的事情了。可让我感到惊讶的是，一段时间之后，我发现原本放在办公室角落里成堆的健康报告和培训纪录开始被转移到我办公桌上的"待签字"盒子里。而且让人难以置信的是，原本散落在桌子上的废纸也被收拾得干干净净，交到我面前的文件也没有错别字了，而且语法也完全正确！我的工作效率大大提高了。这让我感到惊讶极了。

一天，闲聊之间，我问戴维为什么会被管理办公室踢出来。"我的上司不喜欢我。"他回答道。然后他解释说，到"希洛号"报到一个月之后，他向上司提出了一些关于改进工作效率和办公室工作流程的建议，可上司并不喜欢这样。一次次碰壁之后，戴维决定放弃努力。

天哪，这就是我需要的那种"能够进行独立思考的人"！很快，我就提拔他为我的主要助理，直接对我负责。很多时候，戴维都会抱着一堆健康报告来对我说："长官，如果您能把这一段改成这个样子，那效果是不是会更好一些呢？"通常情况下，他实际上都已经修改完毕，我只要在上面签个字就行了。

利用语言的力量

威廉·佩里对我的影响可以说是无法估量的，无论是从培养领导能力还是从个人成长的角度来说,都是如此。他给我上的第二课就是"语言能够影响整个团队的士气"。如果领导者们能够做到言出必行,把自己的决策很快转化为实际行动,他们言语的感召力就大大增强。我将这称为"语言的魔力"。

一次,国防部长佩里在国会山开会,一位参议员问他当时的一次海外军事行动进行得怎么样了。佩里回答说他并不担心这件事情,因为他派去的是"世界上最优秀的海军"。结果可想而知,这句话极大地鼓舞了海军的士气,并最终成为佩里的一个标志性口号。

由于受到佩里的影响,我决定把"本福尔德号"训练为海军部队最优秀的舰艇。我不断向水兵们阐述这个目标,直到他们最终发自内心地接受。我让他们相信,我想让所有水兵都能够直接面对每一位访问"本福尔德号"的客人的目光,跟对方握手,并微笑着告诉对方:"欢迎参观美国海军最优秀的舰艇!"客人们喜欢我们这样。他们总是设法找到我,然后亲自告诉我:"这种感觉棒极了!"你也可以借鉴这种方法来增加企业的市场份额,并使你的企业不断成长。每次跟其他舰艇相遇的时候,我们都会打开公共广播系统,从"美国海军最优秀的舰艇"上向对方播报信息。说实话,我们的这一封号并没有得到任何人的许可,有些人甚至认为我们是在吹牛,可我却希望自己的水兵能够坚信自己是最优秀的。

不错,这种做法看似有些粗俗,可它的确非常有效,因为人们的自信是有感染力的,如果说我们目前还不是最优秀的话,至少我们正在朝这个方向努力。

除了这些做法之外,水兵们还受到启发,发明了另外一个口号:"太阳永远照在'本福尔德号'上。"渐渐地,人们也开始相信这一点。

第4章
有效沟通

无论是领导一艘军舰还是管理一家公司，要想成为优秀的领导者，你都需要为整个组织确立一个明确的目标，并带领大家一起朝着这个目标不断努力。"本福尔德号"就做到了这一点：我们为大家确立的目标能够从根本上改变他们的生活，并使得"本福尔德号"成为一个精英荟萃的学校，一座生动鲜活的教堂，一支百战百胜的足球队，而且更为重要的是——一艘美国海军最优秀的军舰。

接管"本福尔德号"之后不久，我开始仔细研究每一个环节可能出现的问题，以及为什么大家会对自己的工作失去热情。最终我发现，有些人只有在每两周领工资的时候才真正"出现"一次。每天早上，他们把车开到停车场，关上车门，走向办公室，可事实上，他们只是在拖着身体去上班，因为热情早已被关在了车厢里。可对于我而言，我希望自己的下属能够时刻充满活力，我希望他们能够在每个工作日从早上九点到下午五点的这段时间里体会到快乐和满足——就像每天下午五点到晚上九点一样。

我意识到我们的工作场合缺少了一些非常重要的东西：没有人想过要为水兵们描绘一个诱人的远景目标——而恰恰正是这个赋予了人们工作的意义。毕竟，我们有 60% ~ 70% 的清醒时间都在从事着一种被称为"工作"的活动。如果我们认为自己所做的事情没有任何意义的话，那将是一件非常糟糕的事情。

于是我就立即动手为水兵们勾画一个能够吸引他们的目标。就这样，水兵们对工作的兴趣开始一天天提高，他们的工作热情也逐渐从车厢里转移到工作场所。

使你的水兵感到"没有什么办不到"

在"本福尔德号"上，我们使用一切办法来保持上下级之间的沟通，其中包括私人电子邮件、每日新闻播报、路边谈话、灯光表演以及"本福尔德号"特有的音乐表演。除此之外，我们还经常发布关于作战任务的信息，比如说从空中防御到海上拦截等。当我们在完成为期百天的任务，从波斯湾撤离的时候，一位美国海军中将（当时担任波斯湾第五舰队总司令）悄悄告诉我："你是唯一一位会就如何改进工作流程写上整整十页的指挥官。"他还说这些工作报告是他迄今为止得到的唯一一份值得他从头读到尾的。在听到这一消息之后，整个"本福尔德号"就好像突然变成了一个巨大的话筒，把我们所取得的成就和一种积极乐观的精神传遍了整个舰队。

和前任不同的是——他会当众批评下属，我经常利用"本福尔德号"的公开广播系统来表扬人们，和他们分享新的创意，阐释我们的目标，从而保证每个人都在为大家共同的目标努力工作。可能是由于我使用公开广播系统的频率过高了吧，以至于水兵们开始在背后称我为"大喇叭"。按照他们的说法，一看到麦克风，我就有一种发表演讲的冲动。

和其他任何工作场所一样，我的水兵们也喜欢听我发表演讲。遗憾的是，这种沟通方式今天在很多组织当中都已经不多见了——这是一种非常奇怪的现象，当激烈的竞争环境迫使公司不断进行自我更新的同时，管理者却似乎正变得越来越沉默。毫无疑问，工作场所发生的任何变革都会让工人们感到惊恐，而管理层如果在这时保持沉默的话，他们的惊恐就会逐渐加深。解决这种问题的方法非常简单：保持沟通。告诉人们你的计划——新的目标、新的岗位设置和描述、新的组织结构以及可能发生的失业。向人们解释这样做的原因，相信你的手下，只要坦诚相见，他们可以接受你的任何决定。相反，谎言只会加深双方之间的对立，最终影响整个组织的运作。

我在每次发布新政策之前都会问自己："水兵会怎么看，他们会欢迎这项决定吗？"如果答案是肯定的话，我就会更加坚定地推行这项政策；相反，如果答案是否定的话，大概就是因为这项政策是错误的，或者是我没有很好地跟下属沟通。如果我们之间沟通得很好的话，在这项政策正式实施之前，人们就会理解为什么这项政策是符合他们的利益的，通过这种方式，几乎我的每一项变革措施都得到了水兵们百分之百的赞同和支持。

对于有些领导者来说，在某些事情上对人们保密可以使自己掌握更大的控制权。可事实上，这恰恰是领导者的失败。保密只会导致彼此之间的猜忌和孤立，根本不利于改革的实施。知识就是力量，这是毫无疑问的，可领导者需要的是群体的力量，而要想得到群体的力量，就要让群体拥有知识。我发现，了解组织目标的人越多，人们就越容易对这个目标产生认同，而最终的结果也就会越好。

打开被堵塞的渠道

根据我的经验，组织当中最主要的问题之一就是信息不畅通，很多信息都堵塞在中层管理人员那儿，处于管理链底层的人往往很难得到上层传达的信息，结果使他们所做的很多工作白白浪费掉。

接管"本福尔德号"时，我决定建立一条能够真正传达信息的渠道。理由非常简单：水兵们执行某一任务的效果和他们对这项任务的理解和认同直接相关，这进而会影响到"本福尔德号"的作战水平。

有时通信设备的问题会导致一些非常严重的后果。记得1997年伊拉克武器核查危机的时候，一次设备故障几乎导致整个波斯湾舰队瘫痪。在我担任"本福尔德号"舰长的两年时间里，其中有一个人的工作最让我引以为荣，他就是来自宾夕法尼亚州威尔克斯—巴里的一等兵、无线电技师约翰·拉法尔克。由于敢于打破成规，约翰独自一人解决了噩梦般的通信堵塞问题。

到1997年，海军舰艇在海上航行时相互沟通的方式已经远远落后于当时的互联网技术。虽然军方是第一个使用卫星进行通信的机构，可我们从来没有意识到自己会在信息沟通方面产生如此大的需求。这种不足在1991年的"沙漠风暴行动"当中第一次完全暴露出来：当时我们无法把大量的信息传达到作战第一线。我们从来没有考虑过要去投资扩充通信管道容量。当然，我们的系统是安全的，你甚至可以利用它来传送最高军事机密，因为和因特网传输不同的是，军方传输的所有信息都是经过加密的。可不幸的是，由于通信管道的堵塞，很多重要的军事信息都没能及时传达出去。

1997年伊拉克武器核查危机期间，这种信息堵塞的问题再次充分暴露出来，最严重的时候，竟然有7000条信息同时陷入混乱的情况。有些信息甚至在五六天后才送达接收者，导致很多军官不能及时接收到上级的命令，从而待在岗位上束手无策。无奈之下，有些防空舰艇甚至开始使用商业卫星来传输经过加密的数据信息——其成本大约为每分钟10.5美元。

具有讽刺意味的是，"本福尔德号"和许多其他舰艇都装备有先进的卫星通信系统，这些系统不仅可供水兵们进行必要的语音通信，它还可以完成发射"战斧式巡航导弹"所必需的快速数据传输。可不幸的是，大多数无线电操作人员都不知道应该如何操作这些系统，他们当中没有一个人接受过专业的训练，更不要说完全操纵这些设备了。就在这时，约翰·拉法尔克挺身而出。

约翰用几个小时的时间阅读了所有卫星通信系统的技术手册。然后，他告诉我手册上介绍的功能可以解决整个波斯湾的通信问题。毫无疑问，这正是我们的那位三星中将所需要的。可根据不能越级的原则，我还是先把这件事情报告给了负责通信的一位两星少将，他对此表示怀疑，因为在他看来，这种做法肯定会造成人力分散，而他又不喜欢把该系统用于其他用途。

六个星期以后，美国海军开始陷入真正的通信危机，意识到问题的严重性之后，我给那位两星少将发去了一份紧急报告，详细阐述了拉法尔克的想法的重要性，并解释了我的观点。可能是迫于当时的形势吧，他同意我们立即采取行动。

很快，我们开始用直升机把约翰·拉法尔克送往海湾舰队的其他军舰上，就该系统的使用进行培训。随着战争的推进，他成了整个海湾舰队的超级明星，我们也都为拥有这样一位明星战友而感到自豪。就这样，我们的上士不动声色地给所有一流的通信专家当了一回老师。

经过培训之后，新的系统马上发挥出应有的威力，一切都棒极了。好像在一夜之间，通信堵塞的问题再也不存在了。通信系统的容量大大增加，数据传输也变得非常清晰，即使传输海量信息也很轻松。不同舰艇之间也可以在瞬间互通信息了。

对于"本福尔德号"来说，这实在是一项壮举，而我在其中所发挥的作用就是聆听了拉法尔克的想法，考虑了他的提议，并尽最大努力帮助他说服我的上级。他的天分帮助他实现了这一壮举。而在这个过程当中，我唯一的遗憾就是自己没能尽早说服那位两星少将。这件事情说明，有的时候，我应该绕开一些烦琐的官僚体制，这样就可以提前六个星期将这一计划付诸实施。

毫无疑问，在这件事情上，没有人怀疑约翰·拉法尔克对于整个海湾舰队的贡献。他把我们从一场战时危机中拯救出来，并在很大程度上提高了我们在海湾地区和整个世界范围内的沟通效率。当我们返回圣迭戈的时候，上司要求我们就整个事件向第三舰队司令官——一位三星中将，做出报告。出席这次高层会议的人几乎全是高级军官，除了约翰·拉法尔克。这是他的功劳，所以我决定让他来说明整个事情的过程。看到年轻的拉法尔克成了三星中将的老师，我由衷地为他感到自豪。显然，将军对约翰的讲解也非常满意，要知道，在"本福尔德号"，有能力的人绝对不会因为军阶而被埋没的。

有天分的人始终会有机会，就在约翰·拉法尔克服役期满，即将离开"本福尔德号"的时候，白宫已经开始准备聘请他担任美国总统的通信顾问了。

约翰的故事说明了一个道理，无论你要传达的信息多么重要，如果你没有进行成功的沟通，就不会有人接收。你必须掌握所有的通信手段，同时还要乐于使用它们——否则的话，你就只能去"自言自语"了。

确立了好名声，还要尽力捍卫

还在波斯湾的时候，我的 310 名水兵就共同为"本福尔德号"赢得了好名声，并使它成为了第五舰队的明星军舰。我们所做的每一件事情——从大胆放权到战斧式导弹的高命中率，似乎都会成为海军上将晨会上的重点新闻。虽然努力告诫自己要保持谦虚，可我还是为这些荣誉沾沾自喜。在遇到外交活动的时候，如果需要的话，上司总是会派"本福尔德号"作为代表出席活动。而且每当舰队需要完成一件事关重大的工作时，他们也总是会首先考虑"本福尔德号"。从鼓舞士气的角度来说，每当他们需要鼓舞整个舰队士气的时候，他们总是会仿照我们的做法。简而言之，我们成了整个舰队中真正的模范，我们的所作所为也都成了别人模仿的对象。

从我们的角度来说，我们希望能够保护好自己的声誉，并努力不给那些想要损害我们声誉的人以把柄。比如说，在军舰靠岸，水兵们准备上岸游玩的时候，我一定会制定出严格、明确、一致而且毫无协商余地的纪律。任何破坏美国海军"本福尔德号"声誉的水兵都会被勒令离开军舰——在我看来，海军中的每一位成员都代表了美利坚合众国。从某种意义上来说，我们都在肩负着大使的职责，我们不能有损于美利坚的声誉。我本人绝对不会损害我们的声誉，所以我也坚决不会容忍任何有损美国声誉的行为。值得一提的是，我并没有对水兵们进行口头的威胁，我只是让他们清楚违反规则的后果将会是非常严重的。

比如说，在巴林群岛的海军基地，我的水兵们经常会去当地的酒吧喝酒——基地的保安人员告诉我，他们总是能够认出"本福尔德号"的水兵，因为他们非常守纪律。记得有一天夜里，来自其他两艘军舰上的两伙人打了起来，结果导致了人员伤亡。可根据三星中将的通报，我的水兵们曾经拒绝帮助任何一方。和平时一样，他们聚成一群，远远地坐在酒吧的另一端。

可能他们当时也有想冲上去的冲动，可我很高兴他们没有那么做。每当岸上出了什么乱子，我都可以保证这肯定不关"本福尔德号"的事，因为我知道，我的水兵们都在刻意地维护着我们那来之不易的好声誉。

自由产生纪律

与水兵们的谈话使我意识到他们身上蕴含着巨大的创造力，所以我经常鼓励他们按照自己的想法进行尝试。但同样重要的是，他们必须尊重我们的跟进程序。坦白地说，这一点我是从陆军那里学来的。跟进程序又被称为"复盘"。在每一次重大的活动、行动和决策之后，相关人员都会聚集在一起进行复盘。即使事情进行得非常顺利，我们也要对它们进行分析。因为有的时候，这种"顺利"完全是巧合，整个行动可能隐藏着许多的隐患——我们只是没有发现它们罢了。在进行分析之前，我们会把整个活动中的目标、程序、条件和变量等因素完全统计出来，然后再考虑我们应如何在下次行动中加以改进。

在进行"复盘"的时候，复盘者必须首先克服自己心理上的障碍，不得报复提出批评意见的人，我经常鼓励水兵互相批评，即使是级别最低的水兵也可以当面对指挥官的做法提出意见。比如说，有一位水兵就曾经当面对我说："长官，你今天的指挥有问题，给我们带来了不少麻烦。"

这太可怕了，你或许会说。要是在别的船上，谁敢这么对舰长讲话呢？可在我看来，只有那些无所畏惧的水兵才能赢得战斗，那些畏畏缩缩的水兵在战场上也只能一败涂地。和大多数企业组织一样，美国海军也正在实施所谓的"精兵简政"。我们不可能让一些根本不起任何作用的人来拖我们的后腿。这也就是说，我们必须学会用有限的资源来完成预定的任务。要想做到这一点，唯一的方式就是尽量提高组织的运作效率。如果我的指挥导致水兵们做了一些本来没必要的工作，那我就应该知道。如果水兵们认为我的做法有问题的话，我希望他们能够直接告诉我，这样我才能尽快解决问题，或者是向大家解释我这么做的原因，只有这样，我们之间才能真正做到"有效沟通"，我们之间的协作才能变得更加顺畅。

当水兵们发现我能够虚心接受批评的时候，他们就会跟我坦诚相见。这也正是我们能够迅速取得进步的一个重要因素。只有真正地相互理解，人们才能最大限度地为"本福尔德号"贡献自己的力量。结果呢？同一错误我们绝对不会犯第二次，每个人都对自己所从事的工作有了更清晰的认识。

我的做法会不会影响到舰队的纪律呢？坦白地说，刚开始决心改变领导风格的时候，我也曾认真考虑过这个问题。毕竟，当我把一群人从束缚中解放出来的时候，我并不知道他们会怎样利用这种自由。刚开始的一段时间里，我总是试图从水兵的行动中发现点蛛丝马迹：我真的在制造无政府主义吗？可事实恰恰相反。让我感到惊讶的是，随着我对水兵们的管制越来越松，水兵们的纪律性却越来越强。

在我担任舰长的最后 12 个月里，"本福尔德号"上发生违纪事件的次数要远远小于前任同期的次数。我几乎从未解雇或调动过任何人——只有一次例外。在我走到他那里之前，有人发现他正在抽大麻，可他坚决否认。等到他的尿检结果出来之后，我只能把他开除。就当时的情况而言，这种处罚是完全必要的。

与此同时，水兵们的赔偿案件也明显减少，与安全有关的事故发生频率也大大降低（由原来的 31 起降低到两起）。当水兵们感到"这是我的船"的时候，他们工作起来也就更加小心谨慎。他们不希望犯错误，而且也不愿意为了省事而冒风险。

以前，水兵们争着要离开"本福尔德号"，可现在，他们却拼命想留在船上，而且他们还把这种心理表现到了工作当中。这使我坚信，只要有好的领导者，自由并不一定会损害纪律——恰恰相反，它会加强纪律。道理很简单：人们会更加珍惜自由，这也正是他们努力不犯错误的动力。

第5章
建立信任

一旦领导者与组织中的其他人确立了新的"社会契约"，他们就需要有勇气坚持下来。确保一艘船——或者是任何组织能够驶向成功的最好方式就是授权，然后靠后。人与人之间的信任实在是人类社会的一大奇迹——它不仅能够维系一个社会的运作，还能够把"本福尔德号"上的新手转变成经验丰富的老兵，把风雨飘摇的老公司转变为活力四射的新企业。

另一方面，信任就像是日本的柔道：你必须通过努力才能得到别人的信任，而要想得到别人的信任，你就必须首先学会信任别人。

千万不要窝里斗

当我接管"本福尔德号"的时候，我发现整艘船上弥漫着一种相互不信任的气氛。在海军当中，为争取被任命为舰长的竞争是非常激烈的，在我到来之前，"本福尔德号"的四个部门长官正在为舰长的职位争得不可开交。在大多数军舰上，只有最高级别的两名军官才有机会得到这一职位。这其实是一种制度性的痼疾，它几乎就是在鼓励人们之间彼此猜忌。在当时的情况下，整艘军舰上的水兵明显分为几个派系，他们之间彼此斗争，我简直不明白我的上司怎么会容忍这种情况发生。

从商业的角度来说，高级经理们也不应该容忍这种情况的发生。

上任之后，我首先做的几件事情之一就是明确告诉这四位长官："你们的未来取决于'本福尔德号'的总体表现。"我告诉他们，要想得到提升，唯一的方法就是齐心协力，把"本福尔德号"建设成为海军部队中最优秀的舰艇。一荣俱荣，一损俱损。如果没有最好的工程部门来保证舰艇运作的话，再好的武器也发挥不了威力。所有这四位长官的执行能力都经受了严格考验，而且他们也都可能成为舰长的合适人选。比如说，他们当中有一个名叫约翰·韦德的来自纽约长岛的少校，在离开"本福尔德号"之后，他立刻就成为了美国海军"火球号"巡逻艇的指挥官。由于管理存在问题，"火球号"曾经一度搁浅，通过移植"本福尔德号"上的经验，约翰很快就在一年之内把"火球号"变成其所在海军中队的佼佼者，而"火球号"上的水兵们也为自己的巡逻艇赢得了"作战效率奖"。

作为卓越领导者的另一个美妙之处就在于，你可以留下一笔遗产，而你的继承者们，比如说像约翰·韦德这样的人，也会继续通过各种方式来影响组织当中的其他人。

当这四位部门长官开始齐心协力的时候，他们的手下就会以同样的方式彼此协作，最终大家就可以进行更加有效的沟通，如果一个部门出现问题的话，另外一个部门的人就会无私地提供帮助。个人与本部门的利益暂时被放在了一边，大家开始为了解决共同的问题而努力。信任就像是一种银行账户——如果想让它不断升值的话，你就要不断往里面加钱。当然，需要的时候，你也可以从里面支取一部分钱，但别忘了，银行总是会为你的存款支付利息。

当整个组织取得成功的时候，每位组织成员都会从中受益——这完全是一种多赢的形势。

即使最糟糕的水兵也不是无可救药

对于职业军官来说，海军的政策就是：不升职，毋宁辞。也就是说，你要么获得提升，要么就最好离开。乍看之下，你可能会感觉这是一种"去粗取精"的做法，可问题是，有很多很有天赋的人可能只是因为不适应海军的环境而没有得到提升。有时候为了实现一致性，海军系统会有意地埋没一个人，在这种情况下，那些大器晚成的人往往就没有机会去实现自己的价值。这种做法的后果是惨重的，很多颇有天赋的军官就这样过早地离开了军营。

就在离开圣迭戈前往波斯湾之后不久,一位海军准将打电话向我通报情况:我们的一艘兄弟舰艇刚刚以"无法胜任工作"为由解雇了一位军官。那位负责管理圣迭戈海军基地的三星中将让这位准将给这个倒霉的家伙找个地方,看看他到底是否真的无药可救。而当时由于许多军官离职,我们正迫切需要后备力量。

就在舰队正式出发的前一天,"本福尔德号"迎来了这位被认为是"无法胜任工作"的军官。很快我就发现,这位名叫埃利奥特的军官是我见到过的最有天赋的军官之一。他能够背诵并理解整本海军手册,而且还能够清晰地解释海军部队运作的整个流程,比如说如何找到敌人的潜艇等。他知道的东西比"本福尔德号"上所有的部门长官都要多,要知道,作为一名只有23岁,刚从海军学院毕业的年轻人来说,这的确是一件了不起的事情。

埃利奥特只有一个问题:他好像显得有些过于自信,结果就遭到了很多人的妒忌。他以前的同伴们都曾经在战场上出生入死,对他这样的人似乎有些不屑一顾,所以就经常拿他开玩笑。他们的上司对此也是不管不问,在我看来,没有什么比一个总是靠贬低别人来抬高自己的人更可恶的了，这给埃利奥特造成的伤害是非常严重的：由于经常受到羞辱，他的脾气也开始变得暴躁起来，或许是为了证明他并不逊色于自己的同伴吧，他经常会冲着其他人大吼大叫。

我对他非常坦率。我告诉他，"本福尔德号"上的水兵们都遵守着一条"黄金法则"：我们相信，每个人都有自己的尊严，都应该得到相应的尊重，我们希望他也能认同我们的这条法则。没有人会贬低他，而且当然，他也不能去取笑别人。而且我嘱咐他的上司："在必要的时候，请提醒他我们今天的谈话内容。"

通过帮助他意识到自己的强势，我们最终彻底地改变了他的一生。结果，埃利奥特成了"本福尔德号"最优秀的军官之一。当然，我在他身上花了很多时间，而且也给了他比别人更多的照顾，可事实证明，这一切投资都是值得的。比如说，在搜寻和反击潜艇方面，没有人比他更出色。而且，他也学会了从帮助别人发现自身价值中获得乐趣。渐渐地，我开始为自己拥有这样一位军官而感到庆幸，并为他以前所在的那艘军舰感到一丝遗憾。

埃利奥特最终成了一名优秀的军官，他的职业生涯也得到了彻底扭转。服役期满之后，他主动要求延长服役时间,后来又决定进入商学院深造。离开海军部队的时候,他对自己的前途充满了自信:因为他知道如何去领导别人,这必将对他以后的领导工作产生重大的影响。

埃利奥特的成长经历给了我很大的启发。他让我有理由向其他的水兵发送这样一条信息:"你可能犯过错误,但我们会给你改正的机会。我们会帮助你,而不是放弃你。"领导者和经理人员都要明白这个道理,你的每一个举动和反应都可能对员工的一生产生难以估量的影响。如果他们发现你放弃了某个人,他们立刻就会意识到"一旦犯了错误,就再也没有挽回的余地了",所以他们就会产生很强的危机感。反过来说,如果他们发现你能够原谅并帮助那些犯错误的人,他们就会比较安心。虽然这个过程可能会消耗你很多时间,可如果你的员工能够感到更加安全,能够更加愿意去冒险,能够对你的组织持有一种更积极的态度,你就会成为最大的受益者。

欢迎那些报告坏消息的人

千万不要痛恨那些报告坏消息的人,这一点对领导者是至关重要的。它可以使领导者及时了解到组织内部出现的问题,从而可以更加及时地采取措施避免或解决问题。我相信，对于任何一个组织来说，创造能够让人们畅所欲言的环境都是一件事关生死的大事，这种说法毫不夸张。

"本福尔德号"和其他类似的舰艇都有着极其复杂的结构，不仅蕴含了很多尖端的技术，而且还要对这些技术进行定期地升级。在建造舰艇的时候，通常都是由来自大型承包商的民用工程师来负责仪器的安装和检测工作，如果出现任何故障的话，他们要负全部责任。

想必读者都听说过"宙斯盾"系统，它是安装在像"本福尔德号"这样的军舰上的一种导弹发射控制系统。在希腊神话中，宙斯盾是宇宙之神宙斯利用蛇头妖怪美杜莎的头做成的盾牌。而在今天，"宙斯盾"被用来指代"舰队之盾"。

在我们从圣迭戈出发之前，"宙斯盾"的工程师们对该系统进行了升级，从而可以确保其稳定性。事实上，由于雷达系统中的电力模块出现短路，这次升级反而使得该系统的稳定性大大降低。当这种问题出现的时候，"本福尔德号"上的士官们（承包商们错误地以为他们根本不懂如何操作新设备）成了首先被指责的对象。

由于"本福尔德号"是第一批被升级的军舰之一，所以工程师们以为问题是出在我们这里。于是我们开始对其他升级的军舰进行追踪，结果发现，它们也都有着相同的问题，只是不敢告诉别人罢了。于是我立刻向圣迭戈的指挥官发去了紧急通告，告诉他此次升级可能会降低我们的作战能力。

当时我并不知道他会做出怎样的反应，因为我们之间的关系非常微妙：当我开始担任"本福尔德号"舰长的时候，他刚刚开始前往南美进行一次为期六周的缉毒行动，所以我是在上任六周以后才认识他。回来之后，他把我叫到他的办公室，向我进行第一次正式的评估通报。他的舰队里一共有六艘军舰，他把我的军舰排在第六名，这对我来说毫不奇怪，因为我是六名指挥官当中最年轻的。可让我没有想到的是，在他的通报当中，唯一一点有实质性意义的竟然是"安全工作合格"。这实在是一条奇怪的通报，可我并没有感到不安，因为和表扬相比，我更关心结果，而且我相信，结果很快就会出来的。

让我感到高兴的是，他及时地把"宙斯盾"的问题向全舰队的相关人员进行了通报。不仅如此，当我要求他帮助解决这一问题的时候，他也进行了全力支持，安装"宙斯盾"的工程师立刻被请了过来。

如果能够在自己力所能及的范围内把问题解决的

话，我绝不会去向上司报告这些鸡毛蒜皮的小事。可遇到上述情况的时候，我还是建议应该尽快向上级通报情况。因为问题并不会随着时间的流逝而自动得到解决。拖的时间越长，你的上级可以用来解决问题的时间也就越少。坏消息并不可怕，关键是你通报的方式，千万不要危言耸听。正是因为我从来不会夸大事情的严重性，所以遇到这种问题的时候，上司才会非常重视我的意见和建议。而且在通报问题之前，我还搜集了所有必要的资料，这样在汇报问题的时候，就会比较有说服力。

除此之外，有一个好的上司也非常关键。

就在"宙斯盾"事件发生后不久，我们又遇到了一个更为严重的问题。海军舰艇必须保证能够在任何情况下运作，无论是波斯湾地区约54℃的高温，还是北大西洋冰彻入骨的寒流。由于在低温下有可能会结冰，所以所有的军舰都要配备燃油加热器，从而可以把燃油保持在液体状态。虽然"本福尔德号"从来没有去过极其寒冷的地方，可我们还是要在船上装备这些加热器，其目的就在于以防万一。

在向波斯湾进发前，我们在新加坡休整了五天时间，在对军舰进行常规维护的时候，一位水兵发现加热器里的燃油正在滴落到下面一个温度很高的设备上。就当时的情况而言，这是非常危险的：它可能会导致一场火灾，甚至会烧毁整个引擎室。于是我们立即对问题展开了调查。结果我们发现，由于在航行的过程中，舰艇会随着波浪的起伏而发生震动，这最终导致加热器上的封口出现破裂。

我立刻把这条信息发送给我的上级，海军准将和上将，让他们知道，多亏一位水兵的警觉，我们才得以避免一场灾难。除此之外，我还建议司令官对所有配有相同加热器的军舰进行检验。准将打算支持我的提议，可由于事关重大，他必须首先确认一下问题的严重性。于是他给另外一艘配有相同加热器的兄弟军舰的指挥官发去一条信息，询问对方是否也遇到了相同的问题，结果这位工程师出身的指挥官告诉他我有点小题大做了，他认为这并不是一个大问题。

幸运的是，准将并没有完全听信这位指挥官的建议。他视察了其他碰巧停留在港口里的伯克级导弹驱逐舰，结果发现其中几艘都遇到了和"本福尔德号"相同的问题，只是人们没有注意到罢了。具有讽刺意味的是，他在我们的兄弟舰艇返回港口的时候亲自对其进行了检查，结果也发现了相同的问题。结果，他立即通知三星中将，"伯克驱逐舰队情况危险，如果问题不及时得到解决的话，可能会导致非常严重的后果。"

最后，潜在的危险终于被排除，而"本福尔德号"的警觉也得到了应有的赞赏。正像我前面说过的那样，当你做的是一件正确的事情时，你就绝对不可能走向错误的方向。我之所以敢于在加热器这件事情上坚持自己的观点，是因为我的上司曾经在"宙斯盾"的问题上支持过我。由于他曾经对我的观点表示出重视，所以我相信他会再次支持我。

问题得到解决后，我立刻向那位发现泄露现象的水兵颁发了"海军成就奖章"（Navy Achievement Medal）。通常情况下，如果按照行政程序的话，我应该通过层层审批的方式来传达这条信息，可在当时的情况下，我觉得最重要的还是应当让所有相关人员尽快意识到问题的严重性。如果机械地等待上司采取行动的话，人们对问题的警觉性就会被渐渐冲淡。这个水兵拯救了我的军舰，所以我想把他的发现传达给整个舰队，从而最大限度地实现这一发现的价值。

这就引出了一个非常重要的问题：应该在什么时候打破规则呢？

毫无疑问，行政手续的存在是非常有必要的。比如说，繁复的审批手续有时会减缓一项决策的执行速度，从而使决策者有更多的时间进行反思，这样才能有效避免可能会出现的问题。可另一方面，当人们过于习惯行政手续的时候，他们很可能会忘记制定这些规则的初衷，甚至会在不必要的情况下仍然盲目地坚持这些规则。

毫无疑问，在当今这个瞬息万变的时代，许多所谓的规则只能被当成是一些指导方针，而不是一成不变的法则。尊重规则当然重要，可规则与现实情况之间总是会存在一些灰色区域，我相信，当遇到一些出人意料的问题时，我的上级更希望我能利用自己的判断来做出决定，而不是一味地墨守成规。

事实上，正是由于这些灰色区域的存在，中层管理人员的存在才变得必要。如果所有的事情都是黑白分明的话，一个组织只需要首席执行官来制定规则，然后由员工严格执行就行了。中层管理人员的主要责任就是负责处理这些灰色区域存在的问题，然后利用自己的判断去解决问题。需要注意的是，如果某个问题可能会对整个组织产生重大的影响，它就不应该被看成是灰色区域中的问题。当我决定要打破常规，向下属颁发奖章的时候，我只是在根据自己的判断做出决定。事实上，我所做出的这样的决定从来没有遭到上级的反对。而且即使他们反对的话，《华盛顿邮报》也会赞成我的决定，因为我做出这个决定并非出自私人目的。

保护你的下属远离疯狂的上司

有些上司的管理方式非常粗暴，却又非常有效，遇到这种情况，通常你只能忍受下去，直到他退休或者离职。但对于另外一种上司来说，情况就不同了：这种上司通常比较独断，有时几近于疯狂。如果在普通的组织里，独断会导致腐败的话，那么在军队里，独断就会导致毁灭。当一些掌握权力的人能够不必为自己所犯下的错误承担责任的时候，他们就容易做出一些毁灭性的决策。在这种情况下，中层管理人员就有义务保护自己的下属。

根据我的经验，对很多人来说，这可能是一件非常痛苦的事情，而且也需要你有更多的勇气，可如果问题非常明显的话，你的退缩就会是一种懦弱的表现。

对于我来说，这绝不是一个学术问题。记得在一次出航，我曾经陪同两位高级官进行巡视。其中一个军官领导着一艘非常优秀的军舰，可他似乎并不鼓励自己的水兵积极向上，因为他总是在贬低他们，甚至让他们感到自己真的不可救药。虽然我想告诫他这种做法是错误的，可我当时并没有足够的勇气。而另外一位军官的情况更加糟糕：他经常奚落自己的下属，甚至质问他们的动机。显然这些只会破坏水兵的主动性，并损害了我们苦心建立的团队精神和水兵的使命感。

我当时真的应该站起来保护我的水兵——可事实上，我只是坐在那里，担心自己是否会成为下一个被奚落的目标。现在回想起来，我相信自己当时失去了一个很好的锻炼领导才能的机会，而且我为自己未能勇敢地站起来保护自己的水兵而感到惭愧。

这可能是一位经理人遇到的最为微妙、最难应付的情形之一。一方面，你必须支持自己的上司——我相信，在任何公司，领导者都会希望自己的下属能够做到绝对忠诚。而另一方面，你又必须设法尽量减少上司的行为会对军舰或公司整体利益造成的损害。这可不是一件容易的事情。

最终，我学会了如何应付这位军官。我知道他为什么发火，所以每当我要通报一些坏消息的时候，总是会私下里悄悄地告诉他，即使他听了以后会大发雷霆，那受到影响的也只有我一个人。当有人做了一件值得表扬的事情时，我一定会告诉他；而当有人出了问题的时候，我就会主动承担责任。当然，我的这种方法并不一定总是奏效，有很多年轻的军官最终还是受到了侮辱和伤害，许多人因此而离开了海军部队，这让我感到非常难过。可另一方面，我毕竟从这次经历中学会了如何应付那些真正"无可救药"的上司。这可是一项非常重要的技能。

要想成为最好，就要承担责任

成为最优秀的军舰的代价就是：你经常需要接受最困难的任务。经历中东危机之后，"本福尔德号"已经被公认为美国海军最优秀的军舰，作为奖赏，我们装载的战斧巡航导弹的数量要比其他驱逐舰多得多。这是一项巨大的荣誉，可从另一方面来说，也意味着我们的任务频率也要高得多。一般情况下，大多数军舰在海上连续作业的最长期限不超过三个星期，然后就可以驶进港口进行为期三天的休整，官兵们可以放松一下，喝杯啤酒，或者是打个电话回家。可我们不行。以往的成就使人们对我们产生了极大的信任，以至于我们反而成了这些成就的牺牲品。

一段时间之后，五角大楼的一位朋友告诉我，当我们在波斯湾执行任务满100天之后，国防部长威廉·科恩曾经亲自询问是否真的要让"本福尔德号"离开波斯湾。他并不介意让两艘航空母舰轮流作业，可问题是，在他看来,"本福尔德号"本身就是一个作战中队。

在危机最为严重的时候,我们曾经一连在海上停留了35天。记得在第25天的时候,我们大家坐在一起吃饭。每个人都一言不发,坐在那里闷头嚼着,然后站起来,走开……他们看起来沮丧极了。海上的单调生活让所有的人都感到枯燥乏力。我自己也是如此,结果可想而知,这只会使情况更加糟糕。

我决定改变这种情况。我把全体水兵召集到甲板上,告诉他们:"我知道这次任务的时间很长,当其他军舰上的水兵都已经在港口里喝啤酒的时候,我们还要继续执行任务。这是为什么?因为海军认为'本福尔德号',也就是你们,是整个海湾舰队当中最优秀的军舰,对于当前发生的一切,我们责无旁贷。我们是最优秀的,所以我们必须要承担更多的责任。感谢大家所做的一切!"

结果让我大吃一惊:水兵们竟然欢呼鼓掌。他们认同了我的解释,并为此感到自豪。整个军舰的士气也由此发生了180°的大转弯。根据我的估计,当我们最终驶进港口的时候,有60%的水兵居然感到有些失望!不错,他们可能是想要多得到一些啤酒——根据海军部的规定,如果在海上停留45天的话,你就可以得到两罐免费啤酒；可在我看来，水兵们实际上更看重的是那种自豪感。

几个星期以后，我们接受了一次更为严峻的任务，可自豪感使大家再次坚持了下来，而"本福尔德号"也再次为自己的表现得到了奖励。

最激动人心的时刻终于到来了。100天之后，我们完成了在波斯湾地区的任务，开始返回圣迭戈。在这100天当中，我们不仅圆满完成了任务，而且还成功地逃脱了几次危机。我们没有因为愤怒而发射一枚战斧巡航导弹，虽然我们一直在等候命令，随时准备摧毁萨达姆的武器生产基地。可每次在发射之前5分钟的时候，我们都接到上级暂停发射的命令——联合国秘书长正在与萨达姆达成一项和平协议。这让我们的水兵们感到非常失望——要知道，对于他们来说，没有什么比发射这些导弹更加令人激动的了："嗖"的一声，当导弹破空而去的那一刻，你会感到整艘军舰都在颤抖。每当看到这一幕的时候，水兵们总会感到心跳加速，想想看，这些价值数百万的导弹从你的视野中渐渐消失，几秒钟之后，它就会在远处的某个地方"轰"的一声，让敌人变成一堆飞灰，而这一切都是由你亲自操作的，这该是多么令人兴奋的事情啊！你会感到自己在接受训练过程中的所有汗水和心血，以及美利坚对你的期望……所有的一切都在那一刻成为现实，光荣和欢呼已经触手可及，很可能你的胸前会因此而再添一枚勋章。

想想看，当你做好了一切准备，输入了发射程序，接通了电源，并把手指放到了发射按钮上，却突然接到命令："停止发射"，这是多么令人失望啊。你几乎可以感觉到这种失望，整艘舰艇的士气都会低落下来。这就好像露西拿着球准备传给查理·布朗，结果却在最后一刻把球丢了一样。注意到这种沮丧的情绪正在传遍整个舰艇，我意识到自己应该采取行动了，否则就很难再次调动起大家的情绪了。我在想，如果让这种情绪继续蔓延的话，水兵们可能再也不会进入一级战备状态。

"你必须尽快做点什么！"我对自己说。可做什么呢？我想到了麦克风，水兵们肯定在期待着听到我说些什么。于是我接通了公共广播系统，告诉大家我理解他们失望的心情，可是我们必须继续待命。我们已经把萨达姆再次逼回到谈判桌前，所以我们实际上已经完成了这次任务。正是由于水兵们的努力，我们为和平重新带来了希望！猜猜结果如何？大家的士气立刻扭转过来，水兵们突然意识到了自己已经在片刻间改写了世界的历史，大家的心头充盈着自豪和兴奋。每当遇到危难的时候，人们总是想从领导者那里寻找到希望。让一般人难以理解的一点就是：海军每天都会有一半以上的军舰驶向大海，或者是去执行任务，或者是进行训练。实际上，这样可以让我们时刻准备着，以随时满足国家的需要。

正如我们所知道的那样，萨达姆最终也没有和秘书长达成协议。可我们的出现和战备状态的确迫使他重新开始谈判。说实话，我甚至为没有发射导弹而暗自庆幸，虽然"战斧"导弹的精确度和可靠性都是不容置疑的，可实际上它们还是有可能会伤及无辜。

1998年1月2日7点55分，我们离开巴林群岛，开始向圣迭戈返航。全体水兵都对我们的第一站——澳大利亚充满了向往，这个国家对美国水兵的感情可能比地球上其他任何国家都要深厚。大家好像都已经忘记了没能发射导弹所带来的失望了，每个人重新变得兴奋起来。为了尽快到达澳大利亚，我甚至安排加油轮为我们进行海上加油；考虑到我们当时正面临着经费紧缩，这种做法简直有些奢侈。

刚一抛锚，我就接到了负责海湾地区搜捕行动的指挥官迈克·达菲的电话。他可是个难对付的家伙，每个人都知道这一点。可我还是能够理解他。他总是咄咄逼人,要求你对自己的一切表现负责。可在过去的100天里,他也开始变得喜欢上了"本福尔德号",我们用成绩说服了他。

任务马上就揭晓了,迈克·达菲命令"本福尔德号"立即行动,前去执行另一项紧急任务。大虾、烤肉、200美元津贴……全都成了泡影!这时,我真的希望我们不是那么优秀。

"一艘载有违禁品的走私船正在开往伊朗海岸,"迈克说道,"我一时派不出军舰。你能完成这项任务吗?"

"本福尔德号"上的每个人都听到了通话的内容,因为我打开了无线电话筒。瞬间,他们全把目光投向了我。我相信他们一定看到我的嘴唇轻轻动了一下……是的,我骂了一句……有人说我实际上骂了不止一句(出于对妈妈的尊重,我必须声明,这些话我不是在家里学会的!)这不公平——尤其是当你想到另外两艘军舰,"盖里号"和"希尔号",做的工作还不到我们的十分之一,却可以欢快地开往澳大利亚的时候。

"长官,"我说道,"'本福尔德号'随时效命。我们坚决服从命令。"水兵们的心顿时沉了下去。

"这次任务可能只要两天时间,或者更少,"迈克说道,"要是速度足够快的话,你们还可以赶上其他两艘军舰。"

我们的正常速度是每小时16海里,在这种速度下,我们只需发动一个引擎,这可以让我们最大限度地节省燃料。可我决定要把速度调整到每小时24海里,这需要我们开动两个引擎,燃油消耗量也将增加一倍。

"我可以保证为你补充更多燃料!"迈克说道。这也就意味着他是在为"本福尔德号"破例。他在我心目中的形象也顿时高大起来。

所有的水兵都开始欢呼起来。我笑了,我知道,如果我不是马上答应的话,迈克是不会为我们破这次例的。

我们立即行动,沿着走私船航行的方向,一直追踪到伊朗海岸。很快,一艘英国军舰加入一起追踪,可那艘走私船进入了迪拜水域,我们无法继续追踪了。本来我们可以发射警告信号,可由于当时四周有很多打鱼船,我不想伤及平民。于是我向指挥官申请一架直升机帮助我们追踪,可当时整个舰队唯一的一架直升飞机停留在"盖里号"上,而当时"盖里号"正开往澳大利亚,拒绝返航。我认为直升机完全可以在完成任务后赶上"盖里号",所以并不会影响它的行程。于是迈克立即强令"盖里号"的指挥官把直升机借调给我们。

很高兴我们最终完成了这项任务,虽然我当时很不情愿，而且我们最后也没能取得成功，可我还是觉得在上司特别需要的时候帮助他一下是一笔不错的投资。

我们最终在 1 月 3 日来到了印度洋，只比预定航程晚了一天，并于 1 月 11 日在澳大利亚西部城市弗里曼特尔休整。根据上级命令，我们只能在这里停留 10 天的时间，可我相信根本不会有人太在意我们的行踪，于是我决定多待两天。不错，我们的燃料消耗大大增加，也浪费了纳税人很多钱，可水兵的士气却因此大大提高。

信任也可以创造利润

1994 年，还在"希洛号"上担任执行指挥官的时候，我曾经和一些朋友一起到圣迭戈对面的科罗纳多岛上的一家餐馆吃饭。等候上菜的时候，旁边一位名叫厄弗·雷夫金的老人的谈话引起了我的兴趣。原来他 47 岁的妻子刚刚过世，所以他感到非常孤独。于是我邀请他跟我们共进晚餐，他接受了。从那以后，我们就成了好朋友。

1997 年，我回到圣迭戈准备接管"本福尔德号"，厄弗和我每个月都会出去吃一两次饭。他有一家修理公司，手下大约有 75 名工人，主要为海军军舰或其他商用船只提供维修服务。由于技术精湛,他的公司非常成功。

我问厄弗他是怎么管理公司的。他告诉我自己比较注重声誉和承诺,而且他非常尊重自己的员工。"总而言之,"他告诉我,"信任也可以创造利润。"

我让他举个例子。"打卡机。"他回答道。原来,他曾经为自己的员工装了打卡机,这样可以监督每个员工每天的工作时间,结果这在员工当中带来了很大的不满。可一段时间之后,他又改变了主意。"这难道不是一种缺乏信任的表现吗?"于是他决定取消打卡制度。结果,不仅没有人缺勤,而且很多人的工作时间都超出了 8 个小时,因为他们感到自己获得了信任。

随后,厄弗谈到了工具。他的总经理告诉他:"我们需要一件专门存放工具的房间,这样可以防止有人偷窃公司的工具。"所以厄弗用 3.5 万美元的年薪聘请了一位管理员专门负责看管工具。可一天早晨,当他来到工厂的时候,却发现工人们正在排成长队,等着领取工具。到了晚上的时候,工人们又不得不排成长队把工具交还给管理员。他意识到自己的决定是错误的,于是他撤销了工具存放室,并为管理员重新安排了工作。结果呢?在接下来的一年里,他只花了 2000 美元来补充丢失的工具。这件事情再次说明,信任是可以创造利润的。

他对客户同样抱有高度的信任,这种信任是相互的。如果一位海军上将需要马上对一些故障进行维修的话,厄弗可以暂时把谈判合同放在以后再考虑。就这样,他的公司成了圣迭戈海军基地的首选,每当人们遇到问题,希望又快、又好、又便宜地进行维修的时候,他们总是会想到厄弗。

厄弗的故事并没有就此结束。在我当上了"本福尔德号"的指挥官之后,我邀请他到船上参观。当时水兵们正在准备食物。他们沿着码头到船上的储藏室排成一条长队,然后一个接一个地把装满食物的大箱子传递给同伴。整个作业过程非常辛苦,而且有一定的危险。厄弗以前从来没见过这种搬运方式。"都已经225年了,"他说道,"难道美国海军就不能想出一个更好的方法吗?"

回到公司之后,厄弗让他的一位员工为我们设计了一条自动传送带。几个星期之后,传送带开始投入使用。结果可想而知:厄弗现在已经接到合约,成为美国海军最大的装卸承包商。

当然,他信任我们,可我们还是决定跟他签订纸面的协议,美国海军对于信任的重视远远不如厄弗。

第6章
注重结果

和全世界所有国家的部队一样，美国海军也有很森严的等级制度。你可以在所有的军舰上看到某些地方挂有"军官专用"的牌子，普通的水兵是不能进入这些地方的。

上任之后，我决定以一种尽量温和的方式来改变这种情况，当然，我并不是要彻底废除海军部队中的礼仪。当我在甲板上巡视的时候，水兵们仍然要站到一旁列队、敬礼、准备听候命令：军官们必须得到应有的尊重。可一段时间之后，他们开始意识到我并不非常注重这种形式上的东西。我更加注重水兵们的创造性，而且相对于礼仪来说，我也更希望水兵们能够更注重结果，也就是"本福尔德号"的战斗力。提高战斗力并不是依靠上级发布命令就可以完成的，那种做法只会降低士气，损伤水兵们的积极性。我希望水兵们能够打开思路，利用自己的想象力，通过一种更加有效的方式来完成任务。我希望军官们能够意识到军衔的高低与一个人的创造力并没有直接的联系，而且我希望船上的每一个人都能够得到公平的对待。

作为舰长，我必须执行美国海军225年来积淀下来的各种规章制度。可每当我的水兵想出更好的创意来完成一项任务的时候，我就会设法对这些制度进行一些变通。一旦这些更好的创意被证明是行得通的，我就会把它上报给我的上司，和大家一起分享我们的经验。

为了构思出更多更好的创意，我必须不断鼓励水兵们采取主动——并确保其他军官能够欢迎水兵的主动创新精神。这也就意味着他们必须尊重每个人，把每个人看成是富有创新精神的个体。他们必须学会互相尊重，这也是相互信任的基础。

互助可以克服所有的障碍

当"本福尔德号"在大海上航行的时候，每个星期天的下午，我们都会在平日里停放反潜直升机的甲板上聚餐。在我担任"本福尔德号"舰长之后不久的一个星期天，我参加了一次聚餐。我发现水兵们正排着长队等候领取食物。可军官们却可以直接走到队伍前，取了食物，然后走到隔壁"军官专用"的甲板上就餐。这些军官都是很优秀的人，他们并不是有意要体现出自己的优越性，这毕竟是美国海军两百多年来的惯例。

我决定改变这种惯例，于是我径直走到队伍最后。其他军官都回头惊讶地看着我，并推选军需官过来叫我。

"舰长，"他说道，看起来有些紧张，"你不必排队，可以直接走到队伍前面。"

"没关系的,"我说道,"如果食物不够的话,我不吃也行。"

于是我继续排队,直到领取了食物。然后我来到水兵们就餐的甲板上,和他们一起进餐。其他军官马上感到非常紧张。你几乎可以听到他们的大脑在飞速地运转。

第二个周末,我们照例又在甲板上聚餐。我事先没有发布任何命令,可这次军官们却主动排起队来。领到食物之后,他们也开始走到水兵们的甲板上,和大家一起进餐。考虑到海军基本上是一个非常注重等级的组织,你不能不说这是非常感人的一幕。可对于我来说,事情原本就应该如此。

接管"本福尔德号"之后一个月,我觉得自己已经充分取得了水兵们的信任,他们开始相信我是真的关心他们,并且愿意帮助他们发挥自己的潜力。可与此同时,水兵们也明白,我必须应付自己的上级,所以他们都等着观察我的表现。

1997年7月中旬,机会终于来了。在向波斯湾进发之前,我们进行了为期一周的军事演习。和往常一样,我们的伙伴仍然是"盖里号"和"希尔号"。负责此次演习的高级军官是一位来自"希尔号"的海军准将,他并不是一个特别有创造力的人,可我认为他是一个非常优秀的家伙。

演习开始的时候,我当时正在战斗信息中心,利用船与船之间的无线电跟"盖里号"和"希尔号"上的军官们交换意见。很快,我发现我身边的其他人根本不说话。我问他们为什么,他们告诉我,很多人以前都曾经因为说错话而遭过训斥,所以不到万不得已,大家是不会主动发言的。我马上意识到,这是一件非常危险的事情。在作战的时候,信息交换非常频繁,一名指挥官可能需要同时传递很多关键信息,这根本不是一个人所能完成的。于是我立即授权,所有在场的人都可以通过无线电跟其他舰上的人交流,并在必要的情况下马上做出决策,几乎所有的人都为我的这种做法感到诧异——他们以前从未承担过如此重大的责任。

演习进行到一半的时候,总指挥官乘坐飞机进行了一次巡视,并顺便考评一下"本福尔德号"上水兵们的士气。上午 11 点,他的飞机降落在我们的甲板上,然后我们一起在我的办公舱里交谈了半个小时。按照计划,他应该在"本福尔德号"上进餐,于是在 11 点 30 分的时候,他起身前往军官餐厅。

"长官,"我说道,"我们不在那里吃午饭。"

他回头用一种询问的目光看了看我,问我到底怎么回事。我告诉他,我们将和水兵一起共进午餐。他立刻睁大了眼睛,"我已经很多年没有和水兵们一起吃午饭了。"他说道。

"是的,先生,"我说道,"可我想让你见见我的水兵,跟他们交流一下。他们有很多问题想请您指教。"

按照海军的规定,每当有高级军官或者是贵宾来访时,水兵们就要进行繁重的准备工作,比如说大扫除,有的时候甚至会粉刷油漆。可当这些军官或者是重要人物来到船上的时候,他们又必须消失——好像他们不配跟这些人在一起似的。

可在"本福尔德号"上,我相信,水兵才是真正的"贵宾"。我想让这些高级军官跟他们多交流交流,只有通过这种方式,他们才能知道我的水兵们是多么富有天分,多么有献身精神。一句话,我想让这些"大人物"们学会尊重我的水兵。于是我陪他一起走进了餐厅,走到队伍的最后,和其他人一样排队领取食物。当然,水兵们对他很尊重,却又感到非常放松。在旁人看来,他们好像是在和一位颇受尊敬的同事聊天。这位准将以前从来没有过这样的经历,他觉得棒极了。

领取食物后,我们分别在两张桌子旁坐下来。这位准将开始和同桌的七位水兵聊了起来。水兵们提出了很多很好的问题，他非常认真地听着，并直接做了回答。我可以看出，每个人都感到有趣，他们不时发出会心的笑声，仿佛很喜欢这种交流方式——我也松了一口气。想想看，如果这位准将是一位非常传统的军官，我的这次试验很可能会导致非常严重的后果。

结果，水兵们的问题给他留下了非常深刻的印象。他以前从来没有想到过能从水兵们那里学到这么多东西。可当一位士官问他对海军部队的"领导行为连续体"（Leadership Continuum，一种针对新兵的培训项目）政策有什么看法的时候，他一时竟然哑口无言：他对此可是一无所知啊！由于这个项目只是针对新兵而不是军官的，所以他感觉自己似乎没有必要注意这件事。可现在他突然非常震惊地意识到，这个项目会影响到自己舰队的六艘军舰上1500名水兵的前途和命运。对他来说，这是一个不小的收获。

值得说明的是，并非所有的试验都会取得成功，记得有一位上司就曾经为我的这种做法而大发雷霆。结果呢？我成功地纠正了他的看法。

当我们离开甲板，返回我的船舱时，这位准将告诉我这是他在海军部队中最有价值的一次经历。从那以后，他决定无论到哪一艘军舰上巡视，他都会和水兵共同进餐。据我所知，他成功地做到了这一点，结果他对水兵的想法和需要有了更深的了解。

从这件事情以后，我决定，所有到访的重要人物都将与我的水兵们共同进餐。如果他们到访的时间不是吃饭的时间的话，我会安排他们通过其他方式与水兵们交流、沟通。

我也开始每周至少与水兵们一起吃一顿饭，这让我受益匪浅。我从中学到了很多以前不知道的东西，而且对水兵也有了更多的了解。一段时间之后，我发现其他军官也开始效仿我的做法了。通常情况下，我会在星期三和水兵们共进午餐，而根据海军的传统，这天的午餐通常是奶酪三明治。我的高级顾问、来自怀俄明州拉勒米的军士长鲍勃·谢勒是个巨大的"鹦鹉脑袋"——歌手吉米·巴菲特的狂热崇拜者。所以每个星期三中午11点30分，我们都会通过公共播放系统准时播放巴菲特的《天堂里的奶酪三明治》。刚开始的时候感觉很棒，可一段时间之后，大家都开始感到厌烦了——除了鲍勃。奇怪的是，当大家的厌烦达到顶点的时候，人们又再次喜欢上了这首歌。即便如此，在我们的波斯湾任务结束前的最后一个星期三的午餐会上，我还是决定停放这首歌。而且只要我还在"本福尔德号"一天，我们就再也不会播放"天堂里的奶酪三明治"了。

服役期间，谢勒成了"本福尔德号"水兵们心目中的偶像。水兵和士官们开始对他的个人经历产生了浓厚的兴趣，而他由一名普通水兵成长为一名高级军官的故事也成了水兵们广为传颂的故事。记得有一次，我问他，"当水兵问你当了领导之后有什么变化时，你是怎么回答的？"他的答案让我大吃了一惊："没什么变化。"

值得一提的是，在海军部队中，由于军士长的主要工作是向上级传达普通士兵们的要求，所以它既有可能成为最让人艳羡的职位，也可能成为最让人头疼的苦差。记得谢勒曾经告诉我，他以前经常感到自己在别人眼里只不过是个微不足道的小人物。

可我并不这么认为。"本福尔德号"上的高层会议通常都在军官食堂里举行，那里非常狭窄，只有15个座位。所以每次开会的时候，总有一些人站着。我至今还记得我上任以后的第一次高层会议的情形：安排会议的军官为我和我的执行指挥官分别留了一个座位。坐下之后，我抬头看了一圈，发现军士长谢勒站在房间的最角落。于是我当即宣布："从现在起，美国海军'本福尔德号'上的军士长也应该有自己的座位。"不仅如此，他还要紧靠着我，坐在我的左边——执行指挥官坐在右边。我可以清楚地看到坐在这个位置上的那位军官连忙站了起来，我几乎可以感受到他有多么尴尬。可这正是我想要达到的效果，我希望让每个人都知道军士长谢勒的重要性——因为他代表了全体水兵的意愿。

就这样，军士长开始在"本福尔德号"的决策过程中扮演着非常重要的作用。有的时候，你需要的可能就是桌子旁边的一个座位。从那一天开始，谢勒再也没有让"本福尔德号"的水兵们失望过——对领导层的了解已经使他成为水兵心目中无所不知的人物。

阿利·伯克级导弹驱逐舰（包括"本福尔德号"在内）是根据第二次世界大战期间的一位海军司令官的名字命名的，这位指挥官曾在敌强我弱的情况下指挥自己的海军中队在圣乔治岛大胜日本海军。伯克上将后来成为了美军海军部队作战总指挥，后来他请人画了一副描绘军舰开赴战场的油画。这幅画棒极了。伯克上将98岁去世，就在他去世之前，他制作了750张版画，并把第一张送给了国防部长佩里。一天，当我从海上回来的时候，我发现这幅画就摆在我的门廊里：是佩里把它送给了我。我想，佩里可能是注意到了我第一次见到这幅画时的神情。我当时就想："如果这幅画能够挂在我的船舱里，那该有多好啊！这样我每天都可以看到它！"

可我想让它提醒所有的水兵，让他们记住我们这艘舰艇的历史可以追溯到第二次世界大战。于是我决定把它挂到食堂的墙上，我相信，大家都会喜欢这幅画的。

广开言路

从接管"本福尔德号"的那一天起，我就下决心要在船上建立一种人人都可以畅所欲言的组织文化，我希望每个人都可以走上前对我说，"舰长，你想过这个吗？"或者是"舰长，我有点担心……"或者甚至是"舰长，我觉得你可能犯了个错误，因为……"因为我相信，对于一个组织来说，那些唯唯诺诺的人有害无益。

在整个职业生涯中，我曾经看到过很多上司想尽各种办法来打消下属的积极性。比如说，在我曾经服役过的一艘舰艇上就发生过这样的事情。这艘舰艇上有一位新的执行指挥官，他是一个非常有天赋的家伙，我们都对他的领导能力充满信心。可他的最大缺点就是从不接受任何建议。

一天早晨 5 点 30 分，当起床号还没吹响的时候，他突然跑上甲板，命令所有的人紧急集合，进行训练。这是一种我们经常进行的紧急测试，测试的内容可能是解救一名落水的飞行员，营救一艘陷入困境的轮船或者是在天气恶劣的情况下落水的水兵。它要求所有的水兵配合得非常好,各项操作都能准确到位。这是一种非常了不起的测试,如果成功的话,它可以极大地鼓舞水兵们的士气——因为它不仅能够帮助水兵们提高自己的技能,还可以使水兵们相信:"如果我不小心落水的话,我的同伴们也会以同样的方式把我救起来的。"

这位执行指挥官选择在起床号之前拉响警报,把所有人都从睡梦中惊醒。这样做并没有什么可以指责的,因为这只是在加利福尼亚附近的安全水域进行的一项军事演习罢了。如果是作为航空母舰战斗小组的一员参加一次真正的潜水艇救助行动的话,我们通常会在船尾拖上一条长达 600 英尺的缆绳,并在缆绳的另一端装上迷惑装置。在这种情况下,如果有敌人潜艇向我们发起攻击的话,我们就可以激活迷惑装置上的噪音发生器,把敌人的鱼雷引向错误的方向。

可问题在于这些缆绳通常会使得舰艇无法同时做 180° 的转弯,因为舰艇的螺旋推进器很可能会跟这些缆线搅在一起,并最终把它切断。在进行演练的时候,水兵们需要能够把自己的舰艇转一个 360° 的圈子,并最终返回到原来的位置。显然,在这种情况下,指挥人员必须做出一定的取舍。

当时我正在船上的战斗信息中心值班，一听到演练的信号，我就立即请求执行指挥官给我 15 分钟时间收回迷惑装置。可他却不同意我的请求，而是希望能够立即开始演习。立刻，我看到一个假人被扔到了甲板上，信号笛发出了六声短促的叫声，所有的水兵马上到甲板上集合，四台发动机全都开足了马力，舰艇突然来了个 360° 的急转弯，向着迷惑装置的方向冲去。看到这种情况，我赶忙跑到船上的公共广播系统，连续向执行指挥官发出三次危险警告。"快把缆绳卷起来！快点行动！演习不能中断！"他叫道。可当时的情况是，收回缆绳至少需要 15 分钟的时间，而整个演习的全过程也只有不到四分钟的时间。当我第四次向执行指挥官发出警告的时候，他冲我吼道："别再跟我说这个了，我知道怎么回事！快把缆绳收回来！"

整个演习取得了圆满成功，可缆绳却成了倒霉的牺牲品，纳税人为此付出了五万美元的代价。更换缆绳大约花去了三个多月时间，而且如果在这段时间里遭受到敌人攻击的话，我们的舰艇将无法有效地引开敌人的鱼雷。总而言之，这是一场本来可以避免的损失。

可以说，直到今天，美国海军各部门之间的协作以及聆听下属的问题还没有得到解决。前不久，一艘日本渔轮在火奴鲁鲁附近海域被美国海军潜艇"格林威尔号"撞沉的惨剧再次说明了这个问题。当我第一次听说这件事情的时候，我马上想到事先肯定已经有人意识到了危险，但却由于各种原因而没有发表意见。随着对"格林威尔号"调查的深入，《纽约时报》上刊登了一篇文章，其中谈到，"'格林威尔号'上的士兵之所以没有对指挥官的判断提出质疑，其主要原因就在于他们过于尊重上级的权威了。"如果缄口不言就表示尊重的话，我宁愿不要这种尊重。在任何一个组织中，你都需要有人能够拍拍你的肩膀，告诉你，"难道没有比这更好的方法了吗？"，或"不要那么着急"，或"想想这个"，或"这种做法会不会很危险？"

可事实是，在许多组织中，领导者都会任由一种压制意见的气氛在整个组织中蔓延，结果使得那些已经意识到问题的下属们不敢畅所欲言。在我看来，无论在什么样的组织中，一种勇于对权威提出质疑的组织文化至少可以把出现事故的概率降到最低点。

千万不要让你的下属们成为《皇帝的新装》中的大臣们。如果发现舰长没穿衣服，他们必须敢于站出来指出这一点。事实就是事实，它不会因为任何人的意愿而改变。不错，我的提议的确会增加领导者的工作难度，而且说实话，在组织中建立一种畅所欲言的文化并不是一件容易的事情。可在我看来，如果有人能够拍拍指挥官的肩膀，对他说，"我们不能仅仅为了赶时间而冒这种风险"，也许就避免了"格林威尔号"的惨剧。

可以毫不夸张地说，当一个组织的领导者感觉自己高人一等的时候，当他们可以丝毫不征求别人的意见而自作主张的时候，当他们使下属们不敢质疑自己的权威的时候，这个组织很可能就要出问题了。可从另一方面来说，每个领导者都会有机会避免这种情况的发生，千万不要浪费这样的机会。

把水兵从官僚体制中解放出来

对于"本福尔德号"上的水兵来说，1997年的秋天可谓是一段黄金时光。不仅舰艇的战斗力得到了提升，而且全体水兵的士气也大大提高。在这种情况下，我决定把整艘舰艇变成一个不断学习、持续进步的机构，而要想实现这一目标，就需要对现行的运作系统进行一次系统化的分析。

刚开始的时候，我的这一想法可能听起来有些不切实际。我还记得自己曾经坐在甲板上，眼睁睁地看着水兵们把一个简单的操作环节搞砸，当时我记得自己好不容易才压住愤怒。当时水兵们正在用油漆把船上的消防装置粉刷成鲜红色。大家工作得非常卖力,可问题是,由于使用的工具不够专业,油漆溅得到处都是,结果把前一周刚刚粉刷完毕的灰色地板弄得一塌糊涂。结果又不得不重新粉刷一次。这些人到底怎么啦?为什么他们没有意识到自己实际上是在自找麻烦吗?虽然内心充满怒火,我还是努力克制住了自己。

这件事使我想起了自己童年时的一次经历。我小的时候,每年夏天都要做一些粉刷工作:有时候刷房子,有时候刷车库。记得有一年,我也不小心把白油漆滴到了红色的地砖上。当时妈妈从后面使劲打了我一下(当然,她并不懂得什么领导艺术),这的确给了我一个教训,可这种做法却让我感到非常屈辱。想到这件事以后,我就开始向水兵们解释他们错在哪里,并就这件事情提出了自己的建议,他们也很快接受了我的建议。

逐渐地,水兵们的积极性被调动起来,而与此同时,他们也逐渐学会了承担责任。

我想让他们意识到自己就是"本福尔德号"的主人,让他们意识到这就是自己的船,并进而通过自己的努力把它变成太平洋舰队中最优秀的舰艇。

当然,既然我希望水兵们能够尊重和相信我,我也会对他们抱有同样的尊重和信任，而且在这个过程中，我也会努力确保他们真正喜欢自己的工作。由于每个人都可以畅所欲言，"本福尔德号"上的水兵们就有很多机会做出自己的决定，所以他们也就会更加积极地纠正自己的错误，并学会用实际行动来证明自己是"最优秀的"。

当然，在给水兵们一个宽松环境的同时，我也预料到可能会出现的一些短期问题。比如说，在水兵们学会承担责任的过程中，"本福尔德号"的总体表现会有一些轻微的下滑。而且我的上级很可能会把这种下滑的缘由归咎于我的领导不力。可尽管如此，我还是想为海军留下一笔遗产，而且即使我可能为此永远丧失提升机会，我也毫无怨言。无论如何，我的水兵们要逐渐学会承担起责任。而且我希望，无论他们以后从事何种工作，在"本福尔德号"上学到的都将成为他们一生中最宝贵的财富。

培养一种允许失败的自由

在担任舰长期间，我还曾致力于确立一种鼓励失败的组织氛围。我容许每个人用自己的方法解决问题或者实现目标，而且从不因为他们的失败而责备他们。我希望每个人都感到自己拥有失败的自由，因为这样他们就可以独立思考。在今天的商业环境中,"授权"往往被理解成一种贬义词,可在我看来,出现这种情况的主要原因就在于很多人把"授权"理解为放纵。事实上,真正的授权应该是给下属一定范围内的自由。在对下属授权的时候,我的底线是:如果一个决定是人命关天,或者说它可能会伤害到某个人,浪费纳税人的钱,或者是损害到"本福尔德号"的运行,我就必须过问。除此之外,船上的任何一个人都可以通过自己的方式来解决自己面临的问题。尝试需要勇气,但它可以锻炼一个人的技能,并同时培养他的勇气。

在出发前往波斯湾之前,一位来自澳大利亚海军的军士长来到"本福尔德号"上待了六个月。他是一个块头很大的家伙,很喜欢橄榄球——虽然我的水兵们从来都没有玩过橄榄球,可他们都很想学习一下。就这样,这位军士长在船上开起了橄榄球培训班,而且没过多久,他就成立了一支"本福尔德号"橄榄球队。我们买来了橄榄球衣,把队员们打扮成了美国海军当中最英俊的橄榄球队员(当然,就当时的情况而言,我们也是美国海军唯一的一支橄榄球队)。可不幸的是,球队刚组建没多久,我们就不得不启程前往波斯湾参战,水兵们的球技也因此无法得到进一步提高。至于实际的水平嘛，说实话，我们的确没有达到橄榄球世界杯赛（RWC）的水平。

到达目的地之后，"本福尔德号"橄榄球队与迪拜国际橄榄球队举行了一场友谊赛。这可需要一定的勇气，要知道，对方可是一支具有国际水平的专业球队，对他们来说，橄榄球是一件很严肃的事情。"本福尔德号"的队员们都非常兴奋，可连续45天的海上生活已经使他们筋疲力尽，而且他们也的确不是橄榄球天才。结果可想而知，奇迹并没有出现，我们以4比77的比分狂败于对方。而且更为糟糕的是，由于橄榄球是一项冲撞频繁的体育运动，我不得不为这些最优秀的水兵提心吊胆，事实上，我甚至可以想象一些腿上或膝盖上打着绷带的水兵被送回美国的样子。

可让我感到惊讶的是，在整个比赛过程中，水兵们全都安然无恙。我们只遇到了一起意外：那是一位刚刚从美国飞过来加入我们的年轻的海军少尉。就在她观看比赛的时候，橄榄球飞到了观众席，一下打中了她的左手。而且更为糟糕的是，她本来还梦想成为一名钢琴师的，可脱臼的左手突然使这一梦想变得遥远起来。

我们立即把她送往迪拜的美国国际医院，幸运的是，医生们及时地把她的左手归了位。想想真是很奇妙啊，球场上那么多粗野的冲撞，队员们个个毫发无损，可观众席上的一位观众却受到伤害，这该有多么滑稽啊！看来冥冥之中真的有人在保佑着我的水兵们，或许就是爱德华·本福尔德吧！

就像前面已经说过的那样，结果我们在球场上一败涂地。可这又有什么关系呢？队员们敢于向一支远强于自己的对手挑战，这本身就已经让我感到无比自豪了！

革新的能力与一个人的头衔无关

从商业的角度来说，在波斯湾服役的"本福尔德号"就像是一家正在接洽一位大客户的公司——我的老板就是那位指挥整个第五舰队的三星中将。为了最大限度地占领市场份额，"本福尔德号"必须在所有重要的领域里领先于其他舰艇。考虑到它资源有限——虽然美国海军在海湾地区的任务不断增加，可第五舰队并没有因此得到应有的补充，我们决定在两个主要领域为这位将军提供帮助。

首先我们要提高战斧式导弹的命中率。这一点并不难，一路上频繁的演练已经足以使我们在这一方面达到优胜于其他竞争对手的水平。结果，这位三星中将决定调拨给我们更多的巡航导弹（比原定的数量高出一倍还多），从而使我们成为了整个第五舰队装载导弹数量最多的舰艇。这可是梦寐以求的荣耀啊！

  第二个提供帮助的机会发生在联合国对所有进出海湾地区的船只进行审查的过程中。这位将军的主要职责是确保没有走私石油和违禁品的现象发生。这在当时——即便在现在也是如此——可是一件非常困难而且极其乏味的工作。海军舰艇要彻底搜查每一艘在规定海域内航行的船只，而且要很快地把那些没有问题的船只放行。和商业领域中所有的运输行业所面临的情况一样，在这个过程当中时间就是金钱，所以我们必须尽快完成任务，不得出现任何无故延误的情况，否则就会给那些运送货物的公司带来上百万美元的损失，从而可能在这一地区引发敌视美国的情绪。

  记得有一次，由于天气非常恶劣，我们被迫把五艘伊拉克油轮封锁在海湾内长达三天时间。当天气好转的时候，早已经等得不耐烦的准将达菲立即命令我们尽快完成检查。于是我们就让它们在"本福尔德号"周围组成一个小圈子，然后我们派出两个搜查小组前去检查。结果我们在两个半小时的时间内就完成了对全部五艘油轮的清查工作，并签发了所有的相关文件。这可是一项新纪录。

清查结束之后,准将立即给我打来电话:"我简直不敢相信。你确信都检查过了吗?"

"绝对没问题!"

"下次我一定要见识一下你们是怎么工作的。"

"欢迎,长官!"

这种感觉棒极了。我们之所以能够做到这一点,主要应该感谢我们的一位士官生——消防员德里克·托马斯。

根据联合国的规定,在清查之后,我们要填写很多表格和文件,这项工作耗时而且单调,要填的问题多达一百多个。而且更为糟糕的是,在这一百多个问题当中,其中有一半问题都涉及协同作业,也就是说,在回答这些问题的时候,负责清查的水兵们必须通过无线电与自己的同伴(其中大部分人的英语并不流利)交流信息。在这种情况下,填写一份问卷有时可能会花上好几天时间。

看到这种情况之后,士官生托马斯提出了一个建议:"为什么不建立一个数据库呢,这样就可以使整个流程大大加快?因为根据我的观察,我们实际上对很多每周都要出海一次的船只进行了重复检查。"

我当时正在办公室里。听到托马斯的建议之后,所有的军官都看了看他,随即就把目光转向了其他地方。在我看来,"本福尔德号"上的军官们是整个美国海军当中最优秀的军官,他们思维敏捷,总是充满活力,是整艘舰艇上最为宝贵的财富。可正像我前面说过的那样,他们所接受的培训告诉他们:"不要听信一名普通水兵的建议!"就当时的情况而言,托马斯只是一名刚刚入伍的士官生,大家根本不会仔细考虑他的建议,所以我让他详细解释一下自己的想法。

"我们可以通过电子方式访问所有去年进出这个港口的船只资料,"他说道,"在我们现在使用的表格上的一百多个问题当中,至少有五六十个都是可以通过这些资料找到答案的。我可以建立一个数据库,这样我们就可以在对每一艘船只进行检查之前就找到它的很多相关信息,这样的话,就可以不必再要求对方回答所有的问题,翻译过程自然也可以省略。这样,整个检查过程所需时间,包括填写书面报告,就可以被缩短到原来的一半。"

我让他马上动手建立数据库,其中包括了150艘我们去年已经检查过的船只的资料。这也就意味着,在对船只进行实际检查之前,我们已经可以事先填写完一半的报告内容,正因为如此,我们才得以在两个半小时的时间里完成了对五艘由于天气原因而被耽搁的船只的检查。

听说这件事情之后，准将达菲乘坐直升机前来观摩了我们的整个检查过程。他对我们的办事效率大为赞赏，而我们的数据库也给他留下了尤为深刻的印象。

"在过去的六年里，我们一直在检查进出海湾地区的船只，"他说道，"从来没有想到过要对这些信息进行整理。恭喜你！马上把你们的数据库给我拷贝一份！"

很快，我们的经验成了海湾地区所有正在执行检查任务的军舰的模仿对象，这种情况一直持续到今天。

显然，这个故事给我们的一个最主要的教训就是——千万不要低估下属们的创造力。"本福尔德号"上的军官们很可能会忽略这样一个绝妙的创意，原因就在于它是来自一名下层军官，可幸运的是，我碰巧听到了托马斯的建议。这件事使我意识到，每一位领导者都需要广开言路，并且绝对不能有任何形式的刻板或偏见。说到这里，我还想指出另外两个或许会对你的公司有所帮助的经验教训：

- 由于可以用来检查油轮的舰艇数量很少，所以水兵们工作的效率就显得至关重要。而且我相信，这是任何一个组织都会碰到的问题。在这种情况下，解决问题的唯一办法就是给每个人同时分配多项任务。"本福尔德号"在这一点就做得特别好。

- 通过提高检查油轮的效率以及提高发射导弹的命中率,"本福尔德号"同时在两个重要领域实现了重大改进。我们成了整个太平洋舰队公认的英雄,所有的舰队司令都希望能够得到我们的帮助。我相信,这也是所有企业所希望达到的目标:在降低成本的同时提高产品质量,并最终成为所有客户争夺的对象。

帮助水兵挑战自我,超越自我

几乎就在不锈钢扣件的事情出现的同时,我向另一位水兵征求了他对我们的培训项目的看法。

"坦白地说,"他说道,"我们的培训项目存在很多问题。不错,您是给我们发了海军训练手册,并要求我们每个人按照上面的指示练习,可问题是,你从来不问我们到底需要什么。"

"说得好!"我说道。打心眼里说,我当时禁不住想,"如果一位海军训练官听到我们的谈话,不知道他会作何感想?"事实上,谁会去关心一名新兵到底需要什么呢?那简直是在开玩笑!新兵们不能有任何要求。他们只能老老实实地听候和执行上级的命令。

即便如此,我还是组织了一支由训练员和受训士兵组成的团队，并对我们的训练项目进行了彻底的更新。

可以毫不夸张地说，训练就是海军的血液。几乎每一年，海军都要由于开除、伤亡事故或退役等原因损失近三分之一的人员。所以训练是一件永远没有尽头的工作，而且更为糟糕的是，美国海军的训练过程总是存在各种各样的问题。在我18年的海军职业生涯中，我发现美国海军的大部分培训项目都是毫无效率的，而且经常会导致新兵们产生不满情绪。如果进行一下投资回报分析的话，估计绝大多数的纳税人都不会赞成这种投资。

在"本福尔德号"返回港口并结束了为期九个星期的保养期之后，我们就立即开始了新一轮的训练。事实上，从海湾地区返航之后，我们就已经开始了训练。当时正赶上海军对原有的训练系统进行大调整，以使其更加符合当今时代的需求。在推行新的训练系统的过程中，很多舰艇都表现出了强烈的抵制情绪，可在"本福尔德号"上，我们却对这一决定欣喜不已——事实上，我们甚至在考虑如何在新系统的基础上进行更大的改进。当然了，在当时的情况下，我们并不知道这样做需要付出怎样的代价。

虽然新的训练方案听起来很棒，可是在实行的时候却没有想象中的那么顺利。问题主要在于当时我们的数据记录技术无法跟上技术的发展。我们在很大程度上仍然需要用纸和笔来记录士兵们的训练情况。

毫无疑问，这种近似于史前时代的记录方式让新培训项目的效用大打折扣：它极大地拖后了所有培训项目的日程，使得几乎所有的舰艇都没能通过最后的测评。项目的批评者们更是大肆贬斥，一时间，支持新项目的准将陷入了非常难堪的境地。

尽管让人感到难以置信，可事实是，在整个训练过程中，居然没有一个人想到需要对士兵们的训练记录进行电子化处理。而对我们来说，这正是一个推销自己的好机会。

那位在海湾地区创建了数据库的德里克·托马斯再次建立了一个数据库。有了这个数据库之后，你只要轻轻点一下鼠标，就可以看到所有的训练数据：日期、分数、落后者以及领先者。这给整个培训系统带来了一个巨大的飞跃，有了它之后，教官们就可以把更多的精力放在那些需要给予特别关注的士兵身上了。

数据库投入使用之后，我们马上又多了一个强有力的工具。由于所有的军舰上事先都嵌入了新技术，所有舰长们可以根据自己的情况来设置相应的训练计划，根据可能的作战地点进行模拟练习。比如说我在计算机中输入了所有伊拉克可能采取的攻势，然后我就可以相应地设置一个模拟的战场来测试士兵们的作战能力。我还可以对战场的实际情况随心所欲地进行调整,这样就可以使得我的士兵们能够接触到各种各样的作战情况。事实上,我们的模拟战场的严酷程度要超过世界上任何一场战斗,这对我们的士兵是一项极好的训练。可遗憾的是,我们的很多舰艇都没有意识到这一点。

到达圣迭戈之后,我们就要进行为期一周的评估,对于海军来说,这就像是一场小型的奥运会。我们公开表明自己的目标是展示整套培训项目的有效性。就当时的情况而言,我们的举动无异于向庞大的传统培训系统发出挑战。没人相信我们能够做到这一点。有的人甚至在评估期间登上我们的舰艇,他们都想看个究竟,想亲眼看到我们食言的样子。让这些人失望的是,我们已经做好了充分的准备。在第一个星期当中,评估者们登上了"本福尔德号"评估水兵们的训练水平,并给我们分配了一些必须掌握的技能项目作为评估内容,而在通常情况下,掌握这些技能至少还需要六个月的时间。

我可以骄傲地说——我想大家也可以理解我的心情,我们只用一个星期就完成了本来需要六个月才能完成的训练。而且我们的分数是最高的——比任何进行了整整六个月训练的舰艇所取得的分数还要高。我们是怎样做到这一点的呢？水兵们亲自动手，对训练项目进行了重新设计，从而使得它达到了海军官兵从来都没有想到的水平。

事后，我给准将打了个电话。"长官，"我说道，同时尽量装出一副谦虚的口气，"我们已经完成了所有的训练内容，所以我们没有必要到海上进行六个月的训练了。"

电话那边是一片寂静，我想准将可能已经惊讶得合不拢嘴了。"我们从来没有碰到过这种情况，"他最后说道，"恐怕你们必须完成六个月的海上训练。"

我努力控制住自己的情绪，继续跟他协商。顺便说一句，管理上司可是一门艺术，如果掌握了窍门的话，你可以轻而易举地"对付"各种类型的上司。通常情况下，上司们最关心的就是经费问题。所以我就告诉对方，如果他能够减少我们在海上停留的时间，海军就可以省去一大笔经费，而且我们的训练的确已经达到了海军的要求，所以他完全可以把这笔经费省下来去支持那些效率不如我们的舰艇。他最终同意我们在海上进行训练的时间可以由原来的六个月减少为两个月——这也就是说，我的水兵们突然多出了四个月的休闲时间。可当我骄傲地向水兵们宣布这个消息的时候，一位水兵却问道："这四个月我们可以自由活动吗？"

"当然了。"

"那我们为什么不去参观一些港口呢?"

"从来没有军舰可以在训练期间到港口参观,"我说道,"不过我可以请示一下上级领导。"

于是我再次拨通了准将的电话。"从来没有人这样做过,"他告诉我。

"为什么呢?"

对方又是一阵长时间的沉默。"好吧,"他说道,"我也说不出到底为什么。"

于是在接下来的两个月里,我们就沿着太平洋海岸先后参观了墨西哥的巴亚尔塔港和圣卢卡斯角、圣弗朗西斯科,以及加拿大的维多利亚。水兵们兴奋极了——当然,这一切都应当归功于他们自己。

第7章
理性冒险

和其他所有的官僚机构一样，美国海军也不鼓励自己的成员公开表达自己的意见。事实上，冒险进行新的尝试经常被认为是一种危险的举动。但我相信，任何一个希望保持活力的组织都应当鼓励和提拔那些富有冒险精神的人——即使他们失败了。不幸的是，大部分组织都只会保护那些看上去永远不犯错误的谨小慎微者。可事实情况是，如果一个人所有行动的目的都是为了不犯错误的话，他就根本不可能为本组织的发展做出任何贡献。

正像我说过的那样，在我的海军生涯中，我从来不会采取莽撞的冒险。在未经过上司批准的情况下，我所进行的每一次尝试都是为了能够对自己的组织进行一些有益的改进。我只会进行那些我相信上司会赞成的冒险举动，而且这些举动通常都没有违反或超出我的职能权限。在大多数情况下，我的这些冒险举动都产生了有益的结果，而且我的上司们也因此受到了他们上司的表扬，所以他们最后也总是能够对我的行动表示理解和支持。

不过话也得说回来，有的时候我的一些举动还是相当危险的。比如说，有时候我会——

把赌注压在只为自己考虑的人身上

接管"本福尔德号"时，我发现船上的 310 名水兵身上蕴含着无尽的潜力，他们只是没有受到很好的激励和重视罢了。于是我决心要成为一名真正称职的舰长。

我想要所有的水兵都知道：我希望自己能够成为他们的伙伴，而不是领导。但同时我也明白，单单几句话是不够的。水兵们早已对这种口号性的承诺感到腻烦了。几乎所有的海军司令都说要"以人为本"，可事实上，很少有人能够做到这一点。为了真正地对水兵们产生震撼，我需要一个机会来证明我的诚意。幸运的是，这样的机会很快就到来了，就任"本福尔德号"舰长四天之后，我们接到了上级的命令：完成海上加油作业。

根据美国海军的规定，所有的军舰都必须保持自己的油箱里始终装有半箱以上的燃油（"本福尔德号"的油箱容量大约为 50 万加仑[⊖]）——这可以使它们能够应付任何紧急情况。比如说，如果接到命令要去救助一艘陷入困境的舰艇，你就很可能要在毫无燃油供应的情况下远航数千海里。当油箱的油量不足二分之一时，就必须加油。而在海上加油则是一件相当令人兴奋的工作。

这意味着你需要和一艘载有 800 万加仑燃油的油轮并肩航行很长一段时间。在这个过程当中，两艘船通常会以每小时 15 海里——相当于约每小时 28 公里的

[⊖] 1 加仑（美国）= 3.78541 立方分米。

速度并排而行。加油之前,你必须把自己的船开到距油轮约 36 米的地方,然后油轮上的水兵会传给你两条缆线,每条缆线都带着一根直径约 20 厘米的输油管。接下来你要不断调整距离,使得缆线能够绷直,这样油就可以顺畅地输送到你的油箱里了。可想而知,在这种情况下,两艘船之间的距离就成了最关键的因素,离得太远,就可能把缆线绷断,而距离太近又会把输油管浸到大海里,远近之间有时可能只有几英寸的差别。接好输油管之后,你就可以在大约一个半小时的时间里为自己的船输入 20 万加仑的石油。

对于水兵们来说,海上加油既是一件非常有趣的事情,同时又潜藏着巨大的危险,尤其是在天气不好的情况下,两艘船很可能会相撞,导致船身损坏甚至引起爆炸。所以这项工作要求水兵必须有非常专业的航海技术,而且在每次进行海上加油时,舰长都无疑是在拿自己的职业前途冒险。但同时这种实际的练习又是非常有必要的,它一方面可以让水兵变得更加专业,同时也可以让下属军官对海上加油作业更加有信心。

当时的问题是,"本福尔德号"并没有太多的海上加油经验。以前的加油作业大部分都是在港口里完成的。我走马上任时,"本福尔德号"上只有不到半油箱的油。

所以几天之后，我就决定要进行一次海上加油作业。

可在当时，船上完全熟悉海上加油作业流程的只有战斗系统指挥官凯文·希尔中尉。虽然他是一个非常优秀的水兵，可毕竟从来没有一艘船会把一件如此重要的工作完全交由一个人负责——这意味着把整个舰艇作为赌注押在了一个人身上。企业界也是如此，当前由于经济原因，很多企业都在拼命压缩成本，裁减富余人员，有的公司甚至不给自己留下任何的余地。而在我看来，这却是一个让水兵们学会应付紧急情况的绝妙机会。我的目标是要在所有的领域内进行交叉训练。所以在加油的那一天，我并没有让这位经验丰富的中尉来执行任务。我想给其他人一个学习的机会。

我当时和中尉 K.C. 马歇尔一起坐在指挥台上，他总是笑容满面，是个很不错的家伙，他负责对驾驶舱发号施令。我问他以前是否进行过海上加油作业。他有点难为情地低下了头："没有，长官！从来没有！"或许他认为我会因此而不信任他吧！可事实并非如此。在我看来，他只是从来没有机会学习罢了。

然后我把头转向了负责指挥甲板作业的中尉杰里·奥林，问他是否曾经进行过海上加油作业。答案也是一样："没有，长官！"好像我会立刻解雇他一样。

我看了看这两个小伙子，对他们说道："说实话，我也和你们一样。不过这下好了，我们三个可以一起学习。"这两个家伙立刻咧开嘴大笑起来（事实上，对于海上加油作业，我早就是一名老手了。而且同时我还让凯文·希尔在旁边进行现场观察，为这些新手们提供指导）。

在指挥"本福尔德号"跟油轮对接的时候，马歇尔显得非常紧张。有人告诉我，在这种情况下，指挥者通常是在等待自己的上司发号施令。可在我的组织中，我不希望自己的下属是一个只会学舌的鹦鹉。马歇尔一直在问我是否要调整航向或者是速度。

在这种情况下，如果我只是发布命令的话，所有的下属都会成为只能接受命令的人。可既然我的目标是培养一些能够自己做出决定的人，所以我告诉他："嘿，马歇尔，这是你的船，你自己作决定吧。不用问我，放开手干吧！"我相信，这就是他需要听到的。虽然我还是在他旁边站着（为了以防万一），可并没有给出任何指示。整个过程完全由他在负责指挥，他干得棒极了。我打心眼里为他感到自豪，他的自信心也因此得到了极大提高。

这件事很快传遍了整个舰艇。每个人都知道我并不需要只会照搬命令的鹦鹉——我需要的是那些能够自己做出决定的人。这是我第一次向水兵们展示我的领导风格，效果好极了。信任是一件强有力的武器，它可以攻破任何的戒心和怀疑。就这样，海上加油事件成了"本福尔德号"向着积极方向转变的一个里程碑。

可我必须承认，在刚一开始的时候，我的确感到非常担心。毕竟，我以前从来没有做过这种事情，而且要知道，"本福尔德号"可是一艘价值数十亿美元的导弹驱逐舰啊！在加油的过程中，我的内心充满了疑虑，心跳一直在不停地加速。说实话，我当时差点喘不上气了。我拨通了执行指挥官杰夫·哈里少校的电话，问他我是不是看起来很紧张。他说他也不知道，我当时没有别的选择，只好相信他说的话。

在我们与油轮并排之后，我顿时感到非常放松，接下来马歇尔所做的事情就让我感到更加放心了。在有了足够的自信心之后，我对自己说："嘿，我也可以做到。"上任四天后，我开始对"本福尔德号"有了更大的信心，我坚信它会成为一艘伟大的军舰，将来一定能够做出了不起的成绩。现在回想一下，正是从那一天起，我开始真正地成为了"本福尔德号"的领导者。

善于给有潜力的水兵创造机会

接管"本福尔德号"三个月之后，我又遇到了一次教育水兵的机会。就在我们即将出发执行任务的前夜，一位水兵由于贪杯而误了第二天的起航时间。这可是一项非常严重的过错，它甚至可能给整艘舰艇带来一场灾难——而且对于舰长来说，这也是一件非常难堪的事情。

按照当时的情况，这名水兵有两个选择：要么成为一名很棒的水兵，要么成为一名千古罪人。考虑再三之后，我决定给他一次机会。这是一次经过深思熟虑的冒险行为，我希望它是一个正确的决定。

首先我们必须正面这件事情。我马上拨通了他在圣迭戈家里的电话，要求他立刻向准将汇报，然后由准将用直升机把他送到"本福尔德号"上来。我希望让我的水兵意识到，我并不准备通过任何方式来掩盖这起事件。所以直升机刚一落地，我就立刻通过公共广播系统宣告了整个事件的经过，并让他立刻准备接受军法处置。很快，所有的水兵都开始对这件事情表现出极大的关注。

他是一个非常直爽而诚实的家伙。他告诉我头天晚上在外面玩得很晚，结果第二天没能及时起床，他为此感到非常抱歉。他还表示，愿意为自己的行为承担全部责任。而在当时（事实上，直到今天仍是如此）的美国海军当中，个人责任心的缺乏是一种非常普遍的现象，所以当我发现他根本没有想过要去推卸责任的时候，我开始对这个人产生了兴趣。我问他认为我会怎么惩罚他。他马上说出了一名舰长的处罚权限，并表示愿意接受在此范围之内的任何形式的处罚。结果，我对他进行了从宽处理，命令他30天内不许离开舰艇，增加30天的工作日，降低军衔，并在两个月的时间里只领半薪。

我还让他给自己的战友们写了一封道歉信，公开承认自己的过失，为自己的行为感到抱歉——因为他的行为实际上使得整个舰艇处于一种危险的状态。意识到这一点对他是非常重要的。直到今天，他依然为自己的行为感到遗憾——不是因为错过了起航时间，而是他让自己的战友们感到失望。我们把这封信刊登在《每日计划》的头版，让每一位水兵都能读到它。

在接受处罚的前一段时间里，他的表现好极了。可在此之间突然又发生了一件事情：他要求上司给他几天假期，让他回家看望一下自己的母亲。当时她刚刚做完一次大手术，身体还处于非常危险的状况。而按照计划，"本福尔德号"正要去执行一项长期任务，至少需要离开六个月时间，如果他不抓紧时间看望一下母亲的话，就至少要等到七个月以后才能再次见到她。

他的顶头上司当即拒绝了他。理由是，按照命令，他在未来的30天内都不得离开舰艇。这下可让我大感为难。如果我直接越级批准了他的请求的话，所有的水兵都会认为我是一个非常温和的人。所以我当时主要担心的就是自己的威信问题。

可考虑再三之后，我还是决定批准他的这一请求。我们给了他七天假期，并把他的"禁闭期"顺后延长七天。七天过去了，等到他从家里回来的时候，我们发现他就像变了一个人。他决心再也不会让我或他的战友失望。他觉得在这里受到了非常公平的对待，作为回报，他一定要成为一名优秀的水兵。

后来，他通过自学掌握了操作观测站的技术，并学会了如何检测那些在敌军各舰之间安全传输数据的计算机系统，这也是战斗信息中心的新兵们遇到的最为困难的工作之一。一段时间之后，他成了这一领域当中最优秀的水兵，不仅是在"本福尔德号"上，甚至在整个舰队当中都是如此。由于表现出色，他很快被恢复了下士的军衔。

服役期满之后，他表示，如果我们能够送他去空中交通控制学校学习的话，他就会考虑继续留在海军部队。这可需要了不起的勇气,要知道,空中交通控制学校的课程可是令许多人望而却步的,在所有参加过这些课程的学员当中,只有不到一半的人能够坚持到最后。根据该校的入学资格要求,那些曾经在服役期间违反过军纪,或者是中士以下的军官都是没有资格加入该校的。可见,他当时根本不具备任何加入该校的条件。可我们还是努力为他争取到了一次例外的机会。而最终他以第一名的成绩从该学校毕业,成为一名我迄今为止所见过的最优秀的空中拦截控制员。

这位水兵现在已经离开了海军部队,在一家国防工业承包商的公司里任职,这家公司所生产的软件正是他所擅长使用的。他的主要工作就是为该公司解决一些软件设计过程中存在的缺陷。直到今天,他仍然和我保持着联系,而且就在不久之前,我还在圣迭戈跟他共进早餐,同行的还有他的父亲(他要为我对他的儿子所做的一切向我表示感谢)。那次早餐棒极了,我们分开的时候,我感到心情非常舒畅。要知道,能够通过自己的行动对一个年轻人产生积极的影响,从而使他能够做出更多更有意义的事情,是一件非常让人满足的事情。

我相信,海军部队和整个国家都将从这位年轻人的工作中受益。

废除那些毫无意义的规则

在波斯湾地区的大部分港口,酒都是绝对被禁止的,所以当我们在这一地区执行任务的时候,靠岸并不是一件特别让人兴奋的事情。可迪拜不同,它是波斯湾地区少有的能够提供酒水的港口之一。这座属于阿拉伯联合酋长国的城市大约有 30 万名居民,是一个非常迷人的地方——在我第一次访问那里的时候,它就给我留下了非常美好的印象。每个指挥官都配有一辆专用汽车和一名驾驶员,我坐着车子参观了这座城市,途中还时不时地停下来品尝点美食。与此同时,五辆汽车也拉着我的水兵们前往这座城市的所有景点,"他们一定也过得非常开心吧!"我禁不住想。

可我错了!当我在途中遇到一位水兵,并问他玩得怎么样的时候,他说他并不喜欢这个地方——他的战友们也是。这可让我大吃一惊。怎么会这样呢?

问题出在交通工具上。每辆汽车上面可以坐 60 名水兵,刚开始的时候,大家都非常兴奋。可渐渐地,他们发现驾驶员根本不让他们下车游玩。根据美国海军部的规定,水兵不得乘坐汽车在港口四处游玩。出于安全的考虑,他们甚至不能走路或搭乘计程车。

这可不是我想让自己的水兵们得到的待遇,于是我决定立刻停止使用这种汽车,而改为租用20辆10人座的汽车。这样,水兵们就可以根据自己的兴趣任意组合,并自由地游览迪拜及其附近地区的各个景点。

显然,我的行为违反了海军部的规定。很多年以前,一些海军的领导者出于节省经费的考虑,提出了这项乘坐60人座汽车游玩的决定。可在我看来,在考虑经费投入的时候,领导也应该更多地考虑到水兵的感受和安全。在我看来,60人座的汽车不仅行动不便,而且还很容易成为敌人攻击的对象。任何一辆60人座汽车遭受了恐怖分子的攻击,其代价都可能是60名水兵的生命,而如果乘坐10人座汽车的话,一次攻击最多只能给10名水兵造成威胁。

我的这种想法绝对不是异想天开。1996年夏天,几名恐怖分子攻击了沙特阿拉伯境内霍巴塔的一座军事基地,19名飞行员为此失去了生命。我当时正在国防部长佩里身边服役,听到这一消息之后,我们立刻飞往利雅得调查伤亡情况。在考察爆炸现场的过程中,我们发现天花板上有一个巨大的人形印记——原来是爆炸所造成的强烈冲击波把一名飞行员撞飞到了天花板上。我们从来没有讨论过这件事,但那一天显然是威廉·佩里在担任国防部长期间经历过的最为糟糕的一天。就在那一刻，我告诉自己："永远都不要让这一幕发生在那些把自己的安全托付给我的人身上！"

不管是否违反了规定，我还是坚信自己的决定是正确的。因为它立刻改变了水兵们的心情，大家开始喜欢上了迪拜这座城市，而且由于不用再为大家的安全担心，我晚上也可以睡得更香了。我甚至派了四个人（两名军官和两名上士）担任全职"娱乐协调员"，负责确保水兵在岸上玩得高兴。比如说，在浏览当地的《卡里及时报》上的广告时，他们看到了美国说唱歌手库里奥要到迪拜演出的消息，于是就安排 100 名水兵（其中有 50 名来自"本福尔德号"）前去观看表演。几乎每一天，水兵们都会坐着这些 10 人座的汽车在迪拜游玩，他们到沙漠里滑沙，在大山中的湖泊里畅游，逛商场，进剧院，享受沙滩俱乐部，或者是光顾当地的餐馆——这里甚至有一家墨西哥餐馆。

可其他舰艇上的水兵就没有这种待遇了。他们还只能坐在那些庞大的汽车里四处看，心里充满了怨恨。他们的这种不满情绪最终传到了第五舰队总指挥官、海军三星中将汤姆·法戈那里。

和我一样，法戈也认为迪拜是个很棒的城市。问题出在等级和军衔所造成的差别上面。指挥官和将军们都喜欢这座城市，可那些普通水兵却迫不及待地想要离开。就在我们停止使用那些庞大的汽车之后不久，法戈和他的助理一起坐车穿过迪拜，他们禁不住怀疑为什么其他舰艇上的水兵会有那么多的怨言。驾驶员听到了他们的谈话，就想提出自己的意见和建议。这位驾驶员就跟他谈到了"本福尔德号"的做法。听完之后，法戈大感兴趣，他立刻命令自己的助手给我打电话，让我把整件事情写出书面报告来。

由于不知道自己将要受到惩罚还是表扬，我写了一份长达五页的书面报告，详细介绍了"本福尔德号"的做法。我还在里面谈到了我们临时发明的一些小型的娱乐工具——音乐电视，灯光表演以及我们在迪拜的所有做法，其中包括我所做出的为水兵们租用10人座汽车的决定。最后，我请求法戈将军帮助改变那条已经过时的规定。

看完之后，法戈马上把我的报告抄送给了海湾地区的每一艘舰艇。我后来听说，航空母舰"尼米兹号"的指挥官立刻召集他所有的高级军官开了一个紧急会议，决定在自己的舰艇上推广"本福尔德号"的做法。想想看，作为当时波斯湾地区最年轻的指挥官，这对我来说的确是一件非常荣幸的事情。顺便说一句，汤姆·法戈现在已经成为负责整个太平洋舰队的四星上将,而海军部的规定也按照我的建议进行了相应的修改。

打破某条的确有意义的规定时,一定要小心

就在那一年的 8 月初,也就是在我们离开圣迭戈之前两个星期左右,我告诉军士长谢勒准备 100 箱啤酒。他看起来非常警觉,好像是遇到了一个躲在壁橱里的疯子。看得出来,他对我的这个决定表示怀疑。根据美国海军的规定,在舰艇上饮酒是绝对禁止的,而且这条规定也是有一定道理的:在美国海军的历史上,由于饮酒而造成的火药爆炸、海难以及其他事故可谓不计其数。

"舰长,"他说道,"你要 100 箱啤酒干什么?"

"我也不知道,"我回答道,"先做好准备吧,说不定什么时候能派上用场呢!哦,对了,一定要上等的啤酒。我可不想让自己的水兵们喝那些劣质的玩意儿。"

他带着一脸的不情愿答应了一声,然后就走开了。一个星期之后,当我问他啤酒在哪里的时候,他却告诉我还没有来得及采购。怎么回事?

"是这样的,长官,我觉得您的这个决定是错误的。它会给'本福尔德号'带来麻烦。"

在五角大楼工作的经历使我马上意识到,谢勒正在

想法拖延,当人们不赞成你的意见时,他们总是会慢慢拖延,直到让你的计划自然流产。

"军士长,"我平静地说,"我想让你在我的船上装 100 箱啤酒。"

三天以后,他又跟执行指挥官一起来到我这里,试图说服我改变主意。"我难道没有说清楚吗?"我说道,"我想让你们在船上装 100 箱啤酒。"

"你真的想清楚了吗?"

"毫无疑问!"

很快,一辆巨大的 18 轮啤酒车来到了港口,我们买了 80 箱美乐干啤和 20 箱滚石啤酒。我们把这些啤酒装上了船,锁了起来——钥匙由我亲自保管。没有人能够想象我们什么时候会喝了这些啤酒。但我知道,这个时候总会到来的,根据"本福尔德号"的信条:我们要时刻做好准备。

1997 年 12 月 30 日,当时我们在海湾地区的任务已经接近尾声,可那 100 箱啤酒还是原封未动。"难道我的决定真的是错误的?"我忍不住产生了怀疑。

就在第二天,也就是新年的第一天,萨达姆·侯赛因在我们的最后通牒面前依然态度强硬。"本福尔德号"驶出巴林港,进入一级战备状态。让我们感到不安的是，所有其他的舰艇都继续留在巴林港，新年在即，这些舰艇上的水兵都在庆祝新年。当时"本福尔德号"上的紧张气氛是可想而知的。

幸运的是，危机擦肩而过。12月31日下午，一阵特大暴雨侵袭了巴林海军基地，降雨量高达五厘米。而且糟糕的是，巴林根本没有任何的排水设施。整整五厘米的浑浊雨水把整个巴林城淹了个透。电力供应中断，海军基地也被迫进入封锁状态。结果，新年之夜，所有的水兵都不得不待在自己的军舰上，连一滴酒也喝不到。

根据上级命令，如果愿意的话，"本福尔德号"可以立即返回巴林。但我命令水兵在巴林港外抛锚，并让军需官拿出啤酒慰劳大家。当时他惊讶极了，军士长谢勒也马上表示反对："长官，我希望您能撤销这个命令！"

"军士长，"我回答道，"我并不是要让大家在船上喝酒。"

"那您是什么意思？"

"我们可以换个地方喝！"

就在即将靠岸的时候，我安排人借来了一艘巨大的游艇，大约有15米宽、90米长。我们把梯子放到了游艇上——就这样，我们终于有了一个可以喝酒的地方。

那天晚上，当其他军舰上的水兵都沉浸在苦闷无聊之中的时候，我们的水兵们却可以在游艇上度过一个豪华的新年之夜，美酒四溢，烤肉飘香……我们迎来了1998年。遗憾的是，我们当时没有燃放焰火（现在想起来，我们当时完全有条件这样做）。大家的心情真是好极了，很多水兵对我说，这是他们参加过的最棒的一次新年晚会——整个"本福尔德号"就像一个大家庭一样。

这正是我想要的！

第8章
打破成规

在海军当中，就和在公司里一样，人人都要按照标准作业程序（standard operating procedure，SOP）进行工作。毕竟，标准就意味着安全有效，它本身就是一种保证。而且按照SOP工作的人往往可以在出现问题的时候不用承担责任。

从另一方面来说，这种人也很难取得出色的业绩。而且在大多数情况下，SOP也会误导人们舍本逐末，忘记了自己最根本的目标。当我在海军服役的时候，我们常常为了完成那些烦琐的程序而浪费大量精力，有时甚至为了应付一次领导视察而忙上很长时间。在我看来，当时所有水兵的工作似乎都是为了一个目标——让舰长得到提升，而我们的真正目的——提高战斗力，却显得微不足道了。

只有那些敢于打破常规的人才能够取得进步，实现革新。因为无论是取得进步还是实现革新，你都必须具有丰富的想象力。当然，你的行动同时必须兼顾可行性，并为可能发生的变化做好充分的准备。这种人总是在不断寻找新的方式来完成自己的工作，并能够以一种非常积极的态度看待和解决新出现的问题。正像我在NASA（美国国家航空航天局）工作的朋友所说的那样，要想革新，你就要不断打破成规。但是这绝对不是一件容易的事情。

把主要精力集中在重要的事情上

我第一次接受这个教训,是在 1990 年 8 月 2 日下午 4 点 30 分,这一切都要拜萨达姆所赐。而且,正是这件事改变了我的一生。

当时我 29 岁,是美国海军"英格兰号"(一艘装备有远程制导导弹的驱逐舰)上的一名战斗信息军官。这是我于 1982 年从海军学院毕业以来的第四个岗位,事实上,我仍然处于一种学习阶段。当时"英格兰号"的指挥官出身于外交官家庭,是个非常难应付的家伙,而执行指挥官当时也快退休了。所以就当时的情况来说,我从他们两位那里学到的东西非常有限。但尽管如此,我还是竭尽所能把工作干好。

在和平时期,美国海军的部署计划往往是提前好几年就已经制定出来了,所以早在 1988 年的时候,我们就已经计划要在 1990 年 8 月 2 日抵达海湾地区——萨达姆正是在这一天指挥大兵压进科威特。具有讽刺意味的是,就当时的情况来说,美国在海湾地区根本没有部署任何空中防御力量,事实上,美国已经开始从海湾地区大规模撤军,到 8 月 2 日这一天,美军在这一地区的武装力量只剩下五艘军舰——其中包括四艘小型护卫舰和"英格兰号"。

那天凌晨4点30分,船上突然响起了警报。我一下子从床上跳了下来,一边揉着睡意朦胧的眼睛,一边冲到了雷达屏幕前:有21架战斗机正向我们扑来。当时我脑子里的第一个反应就是:"真他妈的!"第二个反应是:"幸好我刚刚更新了遗嘱,我的人身保险也还有效。"

还没等我想完,指挥官就开始冲我嚷了起来:"你在干什么啊?还不快想想办法!"我简直不敢相信自己的耳朵,"什么?让我想想办法?可你才是这艘军舰的指挥官啊!"没办法,当时的情况已经不容多想,于是我深吸了一口气,报告说目前这些战斗机距离我们120英里,而我们的导弹的最大射程是115英里。所以我们完全可以在它们距离80英里的时候发射导弹。可现在的问题是:我们并不知道这些战斗机到底来自何方。从飞行的方向上来看,它们显然是从伊拉克附近地区起飞的,而我们在这一地区并没有任何盟友,所以唯一合理的推断就是:它们是敌人。

接下来的几分钟内,我的心情绝对不是"紧张"两个字可以形容的。这些战斗机离我们越来越近。当它们距离我们82英里的时候——也正是我们准备发射第一枚导弹的时候,它们突然拐弯,向沙特阿拉伯方向飞去。可以想象,当时整个驾驶舱都能听到我松了一口气的声音。几个小时以后，海军情报部门告诉我们，刚才那些战斗机来自科威特军方。就这样，由于无法及时得到必要的信息，我们险些遭遇了一场大溃败。

在以后的几个星期里，我们一直处于一种非常焦虑的状态：我们几乎得不到任何援助，但随时会遭到萨达姆的攻击。最后，援军终于赶到了：首先是一艘航空母舰，接着是美军的大批战斗机群和陆军中队。结果想必大家都清楚：我们以压倒性的优势在"沙漠风暴行动"中大获全胜。可在这场战争刚刚开始的一段时间里，"英格兰号"几乎可以说是在孤军奋战。如果萨达姆对我们采取行动的话，后果将是不堪设想的。在那些日子当中，我的神经始终保持高度紧张，有时甚至一连几天无法入睡。在这样的情况下，我开始认真反思"英格兰号"的问题所在。

显然，这艘舰艇并没有做好充分的战斗准备，军官们并没有充分发挥自己的职责。相反，我们把过多的时间和精力花在了做表面文章上，比如我们曾经投入大量时间来准备一位海军上将的迎接仪式，而从提高战斗力的角度来说，这种活动根本毫无意义。

就在那段日子里，我暗暗告诫自己，如果我有机会领导一艘军舰的话，绝对不会做出这样愚蠢的决定。我会把主要的精力用在提高整艘军舰的战斗力上,因为对一艘军舰来说,这才是最重要的。我可不想由于自己的失职而让任何一名水兵躺在尸体袋里被带回家。我相信,如果"英格兰号"在8月2日那天有任何伤亡的话,我这一辈子都不会安心的。即使当时我还只是一名低级军官,可我本来还是有职责和权力来提高水兵们的训练强度和水平的。事实上,我并没有这样做,对我而言,这是一次重大的失误。

就在那天凌晨4点30分,当我眼睁睁地看着那21架战斗机向我们冲过来的时候,我得到了一种启示。我决定,从那天开始,我要对我所领导的所有军舰严格要求,所有的水兵都必须接受更加严格的训练和考验,所有人都应该斗志昂扬。我们不会因为任何事情而转移自己的工作重心。我们要时刻为可能发生的情况做好准备,要考虑很多"如果":如果有一架敌机伪装成民用飞机偷袭我们怎么办?如果有恐怖分子在海港里向我们发起自杀式攻击怎么办?如果船上起了大火怎么办?

在战场上,我们的第一反应很可能就会决定整个战局的结果,所以我们不仅要努力提高自己,还要注意从其他军舰所遇到的情况当中学习经验。我坚信,如果你的准备足够充分的话,你就能够更加从容地面对任何可能出现的情况。

在竞争中时刻保持领先地位

未雨绸缪往往可以为你带来巨大的竞争优势。

比如说,"本福尔德号"和其他两艘军舰——"塞泰姆号"和"尚普兰湖号"受命进行一次重要的海上演习。根据命令,我们要进行一场射击比赛,在发射导弹的时候,三艘军舰要并列成一排,目标是一枚小型模拟导弹(也就是标靶)。当一架飞机投下标靶之后,每艘军舰必须首先确定标靶的来源,并随后将其击落——我们发射的导弹的速度是每小时3600英里。

这些标靶的飞行速度大约为每小时500英里,制作精良,装备有自动感应器,经常能够在最后关头成功躲避导弹的攻击。对于所有参加这次演习的舰艇来说,这都是一次非常严峻的考验。随后将由测试设备判断刚刚射击的军舰能否得分。

通常情况下,参加演习的军舰只是在演习当天出现,完成任务后马上返航。可为了在演习中取得更加优异的成绩,我们必须做好充分准备。"塞泰姆号"的装备和"本福尔德号"完全相同,两艘军舰都是在同一时间由同一家造船厂（密西西比造船厂）统一生产的，而且这两艘军舰上的水兵们一向把对方看成是最强悍的竞争对手。"尚普兰湖号"是一艘配备有"宙斯盾"导弹系统的巡洋舰，它也一直是"本福尔德号"最主要的竞争对手。当时我还只是一名"三道杠"，是整个太平洋舰队当中最年轻的舰长。而"尚普兰湖号"的舰长则是一名"四道杠"，是太平洋舰队当中资格最老的指挥官。可尽管如此，我还是想以一种友好的方式赢得这场比赛。

事实上，我根本不愿意把对方当成对手，我从来不会把任何人当成对手。在我看来，我唯一的对手就是自己，而我的目标就是把"本福尔德号"变成太平洋舰队最优秀的军舰。这不可避免地给其他两艘军舰造成了巨大的压力，所以尽管非我所愿，一种带有敌意的竞争还是出现了。说实话，我喜欢在竞争中取胜，而且我也可能会不经意地夸耀自己的成绩（我会在后面详细谈到这一点）。

这是一场特殊的较量，我们都知道取胜的代价。标靶清楚地知道我方雷达的动向，并能够在一瞬间做出反应。因此我们知道，在这场较量当中，我方的胜算并不高，而我们又希望在这次较量当中尽量取得优异的表现，所以我们决定提前三个月进行演练。

"尚普兰湖号"的舰长负责协调这次比赛，可他和他的军官们直到最后一刻还没有进行仔细规划。当他们终于开始行动的时候，已经为时过晚了。相比之下，"本福尔德号"的作风要严谨得多，早在距离比赛开始尚有五天的时候，我们就前往旧金山附近的海域进行了考察。

正当我们驶进旧金山港口的时候，我接到"尚普兰湖号"指挥官的命令，"火速赶往圣迭戈进行预演！"我的回应是："我们正在考察比赛场地，而且我们早已经做好了充分的准备，所以不需要进行预演！"可对方提醒我他是这次行动的最高指挥官，如果我不按照命令进行预演的话，他将取消"本福尔德号"参加演习的资格，这将会严重影响到"本福尔德号"的评级。

听到这个消息之后，我直接把他的答复原封不动地转发给了驻扎在圣迭戈的三星中将海军参谋长埃德·赫伯特。他马上给"尚普兰湖号"指挥官发了一封信（并给其他相关人员分别抄送了一份），告诉他"本福尔德号"完全有不参加预演的自由。这可不是一件寻常的事情，在美国海军当中，高级军官越级支持下属的行动的事情可不是一件小事。

考虑到"尚普兰湖号"的指挥官一定会为此感到非常尴尬,所以我决定还是赶往圣迭戈参加预演。就这样,我们提前 12 小时离开旧金山,然后以每小时 30 海里的速度赶往圣迭戈。

我还记得,当我们离开旧金山的时候,太阳正要落山,水兵们纷纷聚集到船尾,欣赏远方那一片落日余晖。考虑到这一段航程的海水流向问题,很多人都建议我在白天的时候航行,可我还是坚持了自己的决定。我希望"本福尔德号"是一艘能够全天候作战的军舰,我们的水兵们应该学会应付所有可能会出现的情况。就这样,就在夕阳西下的时候,"本福尔德号"离开了旧金山。

第二天,我们对所有的通信流程进行了预演。"本福尔德号"第一个发现了目标并随即发出了报告。可以想象,当"尚普兰湖号"发现自己在第一轮较量中处于下风的时候,它的指挥官肯定会命令自己的水兵在看到目标之后马上射击——而标靶上预装的程序将会指引它毫不费力地避开这次攻击。换句话说,第一枚导弹的命中率通常都非常低。

"千万不要第一个发射,"我告诉"本福尔德号"的水兵们,"精确度才是最重要的。"想想看,到明天的时候,人们记住的将是"谁射中了目标",而不是"谁第一个发射了导弹"。所以我告诫水兵们一定要保持冷静，确保"弹无虚发"。

正如我预料的那样，"尚普兰湖号"在发现目标之后立即发射了导弹，标靶成功地避开了。"塞泰姆号"也发射了两枚导弹，但都没有击中目标。然后是"本福尔德号"接连发射了两枚导弹，全部击中了目标。我相信，无论是任何比赛，总是会有赢有输，关键是指挥者应当尽到自己的责任，因为水兵们的表现和他们最终取得的成绩在很大程度上反映了领导者的管理水平。

打破成规，鼓励革新

在陪同国防部长佩里的一次巡视当中，我们参观了一艘装备有卫星电视系统的军舰。水兵们可以观看CNN的世界新闻，这是我见过的最棒的一艘军舰。当我们接着登上一艘没有装备卫星电视系统的军舰时，两艘船之间的不同马上给我们留下了非常深刻的印象。第一艘船上的水兵们了解的信息要远远多于第二艘船上的水兵，他们几乎了解所有能够影响到自己生活的信息，而第二艘船上的水兵却对这些事情一无所知。就在那时，我突然意识到了信息的畅通是多么重要。在当今这个时代，掌握信息的人更容易在竞争中取胜，否则就只能等着失败,乃至最终被淘汰出局。

就当时的情况来说,只有航空母舰才能配备卫星电视,这也就意味着在美国海军300艘舰艇当中,只有12艘能够通过卫星电视来获取外部信息。访问结束之后,佩里让我马上给海军部长写了封备忘录,告诉他给所有的军舰都配上卫星电视。我写了这份备忘录,可在发送之前,我决定要首先跟海军部的预算官员谈一谈,让他们在做预算的时候能够提前做好准备。对方说道,"迈克,即使国防部长在这上面签了字,我们也拿不出钱,没办法,卫星电视并不是最重要的,我们现在可没工夫忙活这事。"

我感到沮丧极了。佩里在备忘录上签了字,然后我把它发给了海军部长,但同时我也知道,佩里很快就要离职了,他的命令根本起不到任何作用。就这样,给海军舰艇配备卫星电视的计划最后无疾而终了。

好吧,还是让我们回到眼前的话题上吧。"本福尔德号"刚刚到达海湾地区,我的一位军官从第五舰队总部赶了回来,他在那里得到了一条消息,海军部准备挑选三艘舰艇安装卫星电视。天哪!海军部长最后还是执行了佩里的命令。我当时高兴得差点没从椅子上跳起来。

我马上让负责电子设备的军官给五角大楼打了个电

话，问一下军方最后选择了哪三艘军舰。结果"本福尔德号"并没有入选。我马上拨通了负责选拔的海军司令的电话并向她介绍了我自己。当她发现我就是那个发给她备忘录的家伙时，她马上决定"本福尔德号"将是第一个安装卫星电视的舰艇。

第二天，卫星电视设备就被快运到了"本福尔德号"，在接下来的两个星期里，我的水兵们一直在考虑如何安装这些设备。两个星期之后，"本福尔德号"成了海湾地区唯一（除了当时驻扎在那里的两艘航空母舰之外）装有卫星电视的舰艇。这样，我们就可以在船上看新闻、体育比赛，甚至电视连续剧了。水兵们感到这是一项巨大的荣耀。我们录制了很多精彩的橄榄球比赛，其他舰艇上的人就开着直升机过来向我们借，那种感觉棒极了。

想想看，如果我们墨守成规，如果我没有直接给负责这个项目的海军司令打电话的话，我们可能永远也得不到这样的荣誉。在有些情况下，打破现有的条框是非常必要的，就好像当初佩里决定要在所有的船上都装上卫星电视一样。今天，美国海军所有的舰艇都配备了卫星电视，这极大地鼓舞了水兵们的士气，他们不仅愿意花更多的时间出海执行任务，而且作业水平也得到了大大提高。

惠及四方的志愿活动

在跟水兵们交谈的时候，我得到了一些自己以前根本想象不到的反馈信息。在大家齐心协力之下，"本福尔德号"全体水兵的热情空前高涨，所有的人都充满了干劲，作业水平大大提高，延长服役的人数也增加了不少。我不禁开始对自己的领导水平感到满意。

就在这种情况下，发生了一件事情，它使我意识到，"本福尔德号"上仍然存在很多问题。一天，在跟一名19岁的水兵聊天的时候，我问起了他对于"本福尔德号"的看法。他说他讨厌这艘船，而且如果可能的话，他想尽快离开美国海军。这不禁让我大为惊讶，怎么可能会有人讨厌我的"本福尔德号"呢？但我马上让自己冷静了下来。我告诉他："你是一名非常优秀的电子技师，等你离开海军的时候，我可以帮你在电子行业找份工作。"可他又告诉我他非常讨厌这一行，退役之后，他再也不愿意干这个了。我接着问他到底想干什么工作，他说他想当一名社会工作者。

可能是由于我的无知吧，听到他的理想居然是当一名社会工作者的时候，我不禁笑了笑，告诉他社会工作者的收入通常都非常微薄。我说我可以给他找份年薪在6万～8万美元之间的工作。电子工业是一种朝阳产业，脱离这个行业将是一种非常错误的选择。可以想象，我当时的样子肯定像是一个非常世俗的商人，就像电影《毕业生》里的那个力劝达斯汀·霍夫曼从事塑料行业的商人一样。

这位年轻人的回应让我终生难忘。他说他从小在收容所里长大，他知道那种生活会对人的一生产生多么重要的影响，他之所以想成为一名社会工作者，就是希望能够帮助其他孩子过上一段更美好的童年。当时我感到自己渺小极了。就在那一刻，这个年龄不及我一半的年轻人撼动了我最核心的价值观。

我不禁为他的遭遇感到震撼，在接下来的一个星期里，我每天都会坐在甲板的摇椅上，望着大海发愣。这位年轻人显然是在向我传达这样一条信息：我想尽快发挥我作为社会工作者的天分，为大家做点事情。想到这里之后，我马上把这位年轻人叫到我的办公室，告诉他我们准备在圣迭戈帮助一所小学，而他的任务就是帮我们联系一所这样的学校。

当我们回到圣迭戈之后，这位年轻人连着忙活了一个星期。最后，他终于找到了一所合适的学校。我告诉他要尽量多发动一些水兵，一起去看看孩子们，看看他们需要什么帮助。他发动了40名水兵，这些人都来自社会底层，以往的遭遇使得他们都特别富有同情心，希望能够尽自己的力量为那些需要帮助的人提供帮助。就这样，他们与这所小学的孩子们建立了联系，在课后为他们提供辅导，教他们读书、算术。

我一直都没有参加过这种活动。除了那名年轻的水兵之外，我也不知道还有哪些人参加了这项活动。但我知道，每次执行完任务，回到圣迭戈的时候，水兵们总是会赶往那所小学，那里仿佛已经成了他们的家，他们愿意为了孩子们贡献自己的力量。我可以感觉到，社区服务的观念开始渐渐在他们内心蔓延开来，到后来，每当我们抵达国外港口的时候，这些水兵总是会马上找到当地的孤儿院，希望能够为那些孤儿们提供些帮助。

"本福尔德号"在很多方面都让我们感到自豪，可对我来说，最值得夸耀的就是水兵们的志愿精神。当你看到这些出身寒微的年轻人们愿意尽自己的力量去帮助别人的时候，你会体会到一种巨大的感动。

不错，美国政府一直在为穷人提供帮助，但只有那些真正从事具体工作的人才知道这项工作多么富有挑战性。事实上，政府在制定计划的时候很少会考虑这些穷人的真正需要。只有那些生活在当地的人才知道自己到底面临怎样的问题。那种一刀切的项目通常并不能发挥任何作用。我相信，企业也需要承担一部分义务，这将有利于鼓舞员工们的士气，有利于企业的声誉，也会让这些企业的领导者更有成就感。而且对于那些每天都跟自己所在的社区打交道的企业来说，他们也更加了解社区当中那些弱势群体的需要，从而也就更容易提供真正有用的帮助。

最近我在跟一群经理人讨论核电站，这一直都是一个富有争议的话题，每隔一段时间，大家都会就这一问题争论一番，我发现大家关心的一个主要问题就是这些核电站对附近的社区可能产生怎样的影响。

在发言之前，我问了问妈妈的意见：她已经80岁了，曾经有过41年的教学经验，直到现在，她还经常被邀请到学校讲课——每天的工资是55美元。可以想象，在宾夕法尼亚州，人们并没有给予教育足够的重视。妈妈告诉我她正在教微积分、数学、几何还有化学，她对这些科目并不十分在行。而且根据我的了解，当地的其他一些学校甚至花钱雇了一些高中毕业生来担任兼职教师。这也太滑稽了！

相比之下，那些管理核电站的人大都在物理、数学和其他相关领域内接受过非常专业的教育。为什么他们不去帮帮孩子们呢？这些核电站距离当地社区的学校并不远，他们完全可以在必要的时候请一天假来给孩子们讲讲课。我还建议那些与社区关系密切的公司设立这样的项目，每年为学校提供一两天的志愿教育服务。这对每个人都有好处，无论是公司还是学校。它可以鼓舞员工士气，让大家暂时离开自己的办公室，回到校园，为孩子们的成长贡献自己的一份力量。这难道不是一件好事吗？

那次讨论结束之后，当地一名核电站的领导者走上前来，告诉我他准备采纳我的建议。我希望所有读到这本书的经理都能像他那样。

显而易见的答案也可能是正确的

在遇到问题的时候，我们的大脑中会很自然地浮现出一些解决方案，但很可能正是因为这些答案过于明显，所以我们通常会认为它们是错误的。我们会觉得这样的答案不够富有新意，不够"酷"或者是不够复杂，所以很容易就放弃这样的答案。这其实是一个大错误。

记得有一次，当"本福尔德号"、"盖里号"和"希尔号"一起前往新加坡的时候，我们突然接到情报，说有一支德国海军中队正向我们驶来。一般情况下，德国海军很少会到NATO（北大西洋公约组织）海域之外的地方执行任务，而这支德国舰队当时却在西太平洋上航行。按照上级的部署，我们将与德国海军进行一次交涉。执行这项部署的任务落在了美国海军"盖里号"的高级指挥官身上。我意识到机会来了！兴奋之下，我想出了一个计划：把这些德国海军假想成敌人，和他们在西太平洋上大战一场。然后我们进行互访，参观对方的舰艇。

其他两艘舰艇上的舰长似乎都不大赞同这项计划。可我坚持认为我们应该这样做："这样不仅能给我们带来巨大的乐趣，它还是一次很好的演练机会。"结果我赢了。我们相互参观对方的舰艇。德国的油轮给我们重新加满了燃油。作为回报，我们送给了他们几箱美乐干啤和滚石啤酒。我们从中学到了如何与盟友配合作业，而他们也对我们有了更多的了解。对双方来说，这都是一次很好的学习经历。

有的时候，人们可能会很难打破既定的模式。他们根本不敢进行新的尝试，更不会从改变中学会发现和把握机遇。如果当时我不坚持自己的观点，那么我们根本不可能得到这样的学习经历。

工作不要只出蛮力，要讲究技巧

1998年上半年，就在我们返回圣迭戈之后不久，

"本福尔德号"驶进了一家商业船厂,开始进行为期九个星期的维修:工人们将把船上的设备拆开,清洗之后再重新组装起来,这样可以延长这些设备的使用寿命。这是一件好事——只是在维修的过程当中,整艘舰艇会被拆得乱七八糟。

一艘漂亮的军舰被拆得七零八落,很快就布满了灰尘和油渍。对于大部分的船厂工人来说,这是一个非常机械的过程,他们所做的就是把一大堆的电线、管道和钢板拆散、清洗,然后重新组装起来。监督这些工作是一件非常枯燥的事,毫无任何乐趣可言。船厂非常嘈杂,而且非常危险,所以你必须全天戴着一顶安全帽,满身油腻地和工人们待在一起。工人们的工作几乎没有经过任何协调,油漆工人刚刚把甲板粉刷干净,第二天,安装工人就会拖着一件设备从上面过去;或者安装工人们刚刚装好一件设备,电工们就会把它拆开,取出里面的电线。

你可能以为船厂会有很多聪明的项目经理在协调工作,可根据我的经验,从来没有人想到去把整个流程实现自动化。我把这个想法告诉了杰里·奥林中尉,他经常对我的意见表示支持。

"我们可以干得更棒。"我说道,"这对船厂也是一件好事。我们可以告诉他们怎样更好地协调工作，以免做无用功，而且如果这样的话，也比较容易保证工程进度。"

这项工作相当复杂，不过在士官生德里克·托马斯（他有过建立数据库的经验）的帮助下，杰里还是建立了一个计算机追踪系统来管理整个维修流程。在"本福尔德号"维修期间，我们把很多水兵送到学校培训，所以实际上，我们只用了一半人手就完成了整个工作流程。虽然工序繁杂，我们不得不同时处理很多事情，但是杰里没有出现任何闪失。就这样，我们为纳税人节约了大量的维修经费。

有了新的追踪系统，我们在七个星期的时间里就完成了所有的维修工作，这可是一项史无前例的壮举。我立即要求把"本福尔德号"拖回海港，因为那里的海水比较清洁。答案是——或许你已经猜到了——"不行！"原因如下：军方跟船厂签订的合同是九个星期，所以"本福尔德号"必须在那里停留九个星期。非常明显，这个决定是愚蠢的。可我的上司告诉我：即使"本福尔德号"不停在船厂，我们每天也要向对方支付一万美元。合同里就是这么规定的。你真的想让我们每天白白浪费一万美元吗？

我试图让他明白，既然无论如何都要花 14 万美元，倒不如让"本福尔德号"早点回到大海，水兵也可以进行更多的训练。为了说服对方，我跟他进行了激烈的争论，几乎用尽了所有的政治手段。最后，对方终于做出让步，"本福尔德号"提前两个星期离开了船厂。

没过几天，我们收到了此次维修的经费报表。按照本来的计划，我们这九个星期的经费预算是 300 万美元，可实际上，我们只用了 220 万美元，也就是说，我们不仅提前两周完成了维修任务，同时也为纳税人节省了四分之一的成本，这要比我们由于提前离开两周而"浪费"掉的成本多得多。对于美国军方来说，这种情况的确非常罕见。想想看，什么时候国防部能够在规定时间内，使用规定的预算金额，保质保量地完成一项任务？而且，在短短的七个星期中，"本福尔德号"得到了全面彻底的维修——我们的计算机系统对整个过程进行了监督和检测。

船厂老板简直不敢相信自己的眼睛，他忍不住把这一切都归功于自己的工人。虽然明知道他是在胡说八道，可我并不打算跟他争论，我相信我的上司了解事情的来龙去脉。在整个维修过程当中，我们并没有加班加点地埋头苦干，我们只是采取了比较聪明的方法而已。

我提议把同样的原则应用到大西洋和太平洋舰队中

的所有伯克级导弹驱逐舰上面，这极大地帮助它们解决了困扰已久的机械故障问题。

这些舰艇，包括"本福尔德号"在内，都有着巨大的电力需求。通常情况下，它们都是靠船上自带的燃油发电机来实现电力供应的。一般每艘舰艇上都会配备三部发电机，其中两部用于日常工作，第三部用于应付紧急情况。这些发电机的运行速度都很高，就像喷气式飞机的引擎一样，所以它会产生巨大的热量。为了解决这个问题，在发电机运行的过程当中，它会通过一部热力交换器把海水带到发电机内部润滑油储存器中的金属管子里，从而可以把润滑油的温度降低下来。一部发电机的造价最高是 150 万美元，但为了节约成本，有的设计者就会在设计这些金属管子的时候偷工减料，使用一些劣质的金属。情况严重的时候，这些金属管子就会破裂，海水就会流到润滑油里面，结果就会导致整部发电机的瘫痪。

当我发现"本福尔德号"在很短的时间里连续瘫痪了两部发电机，并且常常会由于发电机的问题而被迫返回港口的时候，我开始着手调查这件事情。很快，我发现所在的舰队中，同样的问题至少出现过 60 次。于是我马上给在圣迭戈的三星中将写了封信，向他报告问题的严重性。直到这个时候,这位将军才对问题的严重性有了一定的认识:发电机的故障不仅已经给我们带来了近 6000 万美元的损失,而且如果不能及时解决问题的话,我们的战斗力就会大大降低。

一个最明显的解决方案就是立即更换掉这些管子,使用一种更为坚固的金属。但这并不能从根本上解决问题,而且根据我对美国海军的了解,要想让他们最终拿出切实有效的解决方案,至少需要一年时间。可我希望问题能够马上得到解决。

于是我们把一个已经坏掉的润滑油冷却器拿到当地的一家维修站,并请那里的工程师帮我们把冷却器里的管子换成了蒙耐尔合金管。经过测试,这种金属的性能相当优良,于是我们就把其他的冷却器里的管子也换成了蒙耐尔合金管,效果棒极了。

正像我告诉水兵们的那样,当你看到一种不好的趋势正在逐渐发展的时候,你一定要尽力让相关人员意识到这一点。通过给那位三星中将写信,我唤起了海军对这件事的重视,但与此同时,我也通过另一种方式来尽快解决了自己当前的问题。这件事情让我意识到,在有些情况下,要想取得成功,你必须首先打破成规。

如果你的上司是个混蛋，那么你的机会就来了

根据美国海军部的规定，当舰艇抵达海外的港口时，那些年轻的水兵们必须待在船上。因为在那些高级军官看来，一旦来到一个新的地方，这些活力充沛的年轻人通常只会惹麻烦——如果他们再喝点啤酒的话，那后果将不堪设想。我们去过很多很棒的国家——澳大利亚、日本、新加坡、泰国，水兵们当然想上岸去看一看。毕竟，海军部的新兵招募广告上这样写道："参加海军吧，我们可以带你周游世界！"可另一方面，海军部又坚持认为这些人还太年轻，他们还抵挡不住可能的诱惑。

这真是可笑，想想看，海军部一方面希望这些人能够在战场上冲锋陷阵，可另一方面又觉得他们还不够成熟，甚至把他们当孩子对待。当然，很多水兵的表现的确不够绅士，但把他们当成毫无自制力的孩子的想法也太过愚蠢了。显然，这种规定应该得到修订，而我也一直在寻找一个这样的机会。当海军总部里一位聪明的海军上将决定制定一套更加详细的方案，以便尽量缩短水兵们的上岸时间时，我的机会来了。

当时，美国海军系统设立了一个名叫"美国海军水面作战专家"（ESWS）的项目，其目的是对水兵进行一

定的强度训练,从而使他们能够掌握本专业以外的知识,并最终能够了解整艘舰艇的运作情况。也就是说,所有接受过该项目训练的水兵最终将能够承担船上任何一个岗位的工作,这样大家就可以相互支持,在遇到紧急情况的时候,也就不会出现人手不足的情况。这是一件好事,它可以提高所有水兵的技能水平,而且它也使得整艘舰艇的战斗力大大增强,尤其是在应付紧急情况的时候。

  有一个例子很能说明该项目的重要性。2000年,美国海军舰艇"科尔号"在也门遭到袭击,当时如果该舰艇的人没有接受过 ESWS 项目训练的话,它很可能会一败涂地。正是因为船上的水兵都能够很好地相互配合,相互支持,结果他们拯救了这条船。从商业的角度来说,这就好比是一个既懂销售,又懂财务、营销、产品开发、人力资源等各方面知识的推销员,他对公司的贡献肯定要比一位只懂销售的推销员大得多。根据海军部的规定,所有接受过 ESWS 训练的人都可以在自己的胸口戴上一枚特制的胸针,而且也更加容易得到提升。可问题是,通过这一项目需要经受非常严格的训练,事实上,只有那些经验非常丰富的水兵才能够完成整个项目,并通过最后的考核。

就这样，为了把水兵上岸的时间降低到最短，这位上将决定："所有未满 21 岁的水兵都必须在午夜 12 点之前返回舰艇，除非你通过了 ESWS 考核。"如果它的本意是鼓励水兵提高自己的技能的话，那将是一项非常英明的决定。可问题是，该决定的措辞明显让人感觉它的目的是限制水兵们的活动。

显然，这是一项非常愚蠢的决定，可在我看来，如果直接表示反对的话，我很可能会被立即开除。而且更为重要的是，我的行为很可能会给水兵们一种误导，好像任何人都可以藐视那些自己不赞同的规定。

于是我决定把这项决定当作一次机会：我要努力说服水兵们，让他们把接受 ESWS 训练当成为自己争取更多自由的机遇，而且同时这样做也可以提高整艘舰艇的战斗力。可由于通过 ESWS 考核的概率非常低，所以水兵对我的鼓励并没有产生太大反响。事实上，"本福尔德号"的 ESWS 项目是如此复杂，以至于我都不敢确信自己能够通过最后的考核。

可我的目标是改变水兵们的观念。因为我为"本福尔德号"感到自豪，所以我经常邀请一些客人与我一起参观它，突然之间，我感觉自己可以把这项任务交付给水兵去完成，因为从某种角度来说，ESWS 的目的就是教会水兵介绍自己的舰艇。可以肯定，一位好的导游一定了解引擎、发电机、武器系统、飞机作业等各个方面。而且我相信，那些通过 ESWS 的人都会了解一艘舰艇的各个部分的协作原理。

下定决心以后，我仔细阅读了 ESWS 的考核手册，并删除了大约 15% 与"本福尔德号"毫无关系的内容。然后我把所有的水兵召集到一起，告诉他们 ESWS 实际上是一次帮助他们了解整艘舰艇的机遇，这样他们就可以带着客人四处参观"本福尔德号"，并向他们解释各个部分的作业原理。一旦我们从一个新的角度来看待 ESWS，水兵们马上就变得自信起来："嘿，这并不困难嘛，我也能做到。而且，这样还会大大提高我提升的机会。"就这样，慢慢地水兵们开始相信，ESWS 胸针并不难得到，而且这枚胸针还可以给自己带来更大的自由。

就这样，最终船上几乎所有的水兵都报名参加了 ESWS 项目。当我们于 10 月 3 号抵达巴林的时候，"本福尔德号"上已经有一位水兵成功地通过了 ESWS 考核。他就是消防员约瑟夫·科顿，虽然年仅 20 岁，可他干得棒极了。

没过多久，上级通知我们，美国军方中东总指挥、海军四星上将安东尼·兹尼将视察"本福尔德号"。

"好!"我想,"这真是太巧了!"

我让所有刚入伍的年轻水兵都到甲板上集合,列队欢迎上将的到来。其中就有消防员科顿。与兹尼将军同行的还有美国驻巴林大使汤姆·法戈中将、他的保镖人员以及一些助手。在接待仪式上,我邀请兹尼将军亲手为科顿佩带 ESWS 胸针,他欣然答应。对于将军们来说,给水兵们佩带胸针本身就具有强烈的政治意义,就好比政治家们总喜欢亲吻小孩子一样。

"非常感谢,将军!"我说道,"'本福尔德号'已经做好准备,迎接您的视察。"

"前面带路!"将军说道。

'将军,我希望您能答应由消防员科顿带您参观'本福尔德号'。"

"什么?"

"请允许由消防员科顿带您参观'本福尔德号'。"

兹尼将军仿佛不敢相信自己的耳朵,他站在那里,两只眼睛直愣愣地瞪着我,胸前四颗金星在阳光下闪闪发光:要知道,从军阶上来说,他和科顿分别处于两个极端。

"将军,"我说道,"这是我们对科顿进行的 ESWS 考核的内容之一,而且我对科顿非常有信心。他绝对能够胜任这项工作。"

兹尼将军惊讶极了，在他看来，很少有人会放弃这样一次与上司交流的机会——可我不同。在整个陪同过程当中，科顿干得好极了，他既没有结结巴巴，也没有忘词，他对"本福尔德号"的了解让在场的每一个人都吃惊不已，包括兹尼将军在内。

按照原来的计划，兹尼将军要在当天晚上在海军部举办的一项重大的活动上讲话。汤姆·法戈后来告诉我，就在去会场的路上，兹尼将军撕碎了原来的讲稿，又重新起草了一份。在这份新的讲稿中，将军详细介绍了美国海军"本福尔德号"上所发生的一切，尤其谈到了我们是如何敢于重用年轻人，让他们担当一些重要任务的，其中包括陪同高级军官视察全船。兹尼将军的演讲引起了强烈反响。一时间，"本福尔德号"成了众人瞩目的焦点，从那一天起，我们开始成为公认的海湾地区最优秀的美国军舰。

这次的视察对"本福尔德号"也有着同样重要的意义。当水兵们看到我对 ESWS 项目的重视之后，他们的热情也开始高涨起来。很快就有 200 名（约占总人数的三分之二）左右的水兵通过了 ESWS 考核，大家都为带上了这枚胸针而兴奋不已。从我的角度来说，我也为水兵们的进步而感到自豪。

不仅对于海军舰艇如此，我相信，对于任何一家企业来说，让员工们多了解一下公司各部门之间的运作都是有必要的。关键是管理者要采取必要的措施，能够激励人们去更好地了解自己的公司。对于"本福尔德号"来说，那些通过 ESWS 考核的人不仅能够佩带 ESWS 胸针，而且他们还获得了更大的自由。

第9章

培养人才

正如我在前面谈到的那样，领导者最重要的工作就是把简单的事情做好。可在很多情况下，领导者会倾向于把事情复杂化。而在我看来，一个成功的领导者应该是一个善于培养人才的人，能让人们相信自我并热爱工作。在这种情况下，他们的工作就会取得进步，而且整个团队的士气也会得到提高。

我从来没有在训练的时候侮辱过任何水兵，因为在我看来，管理一艘舰艇是一件非常复杂的工作，它需要的是大脑和激情，而不是蛮力。只有那些具备足够的能力和自信的水兵才能处理船上各项复杂的事务，并最终胜任自己的工作。无论是在军事训练还是在日常管理当中，把水兵们当成孩子一样，对他们进行任何威吓和羞辱都不是一种明智的举动。对我来说，我相信自己的工作就是把他们当作成人对待，鼓励他们成为"本福尔德号"的骄傲。

培养水兵的自尊心是一件非常重要的事情。根据我的了解，在美国海军当中，有很多水兵都有过不是那么美好的童年，他们可能经常遭受同学或家人的辱骂，甚至是殴打，所以很多人的心里都蒙上了一层阴影。我曾经这样问过自己："你应该怎么对待他们呢？是让这种阴影更严重吗？"答案是很明显的。在管理"本福尔德号"的过程中，我始终告诉自己，要给予这些年轻人充分的信任和尊重，让他们成为快乐而积极的人。

对于一个企业来说也是如此，可以肯定地说，一名不懂得表扬下属的经理肯定不是好经理。与惩罚相对而言，表扬往往更能促使人们往正确的方向发展，不是吗？可事实上，有多少经理能够注意发现下属的优点呢？我敢保证，大多数的管理者实际上一直在处心积虑地从下属的工作当中挑毛病，而且我坚信，他们绝对不会是真正优秀的管理者。

即便在与上司打交道的过程当中，这种原则也同样适用：帮助他们变得更加成功，永远不要贬低他们的工作。如果你想要在任何一个大型的机构里取得成功的话，一定要充分了解上司的处境。预知他们的需要，关心他们可能会遇到的问题，让他们感觉更加良好，让你变得不可或缺。当他们真正感到自己已经离不开你的时候，他们就会竭力帮助你实现你的目标。

小事情往往带来大区别

就在我接管"本福尔德号"几个月之后，其他舰艇的管理者开始频繁造访，试图找到我们的管理"秘诀"。我非常高兴能与他们分享这些所谓的"秘诀"。它们并不深奥，我告诉这些造访者，如果说真的有什么秘诀的话，我们最大的秘诀就是：关注别人的感受。有时管理者很多不经意的动作或手势都会给下属带来截然不同的感受，从而影响到整个团队的气氛和士气。

比如说，我曾经为庆祝水兵的生日而专门订制了很多贺卡，上面写道，"'本福尔德号'全体水兵祝你生日快乐！"每个月都会有人为我准备一份"本月水兵家属生日目录"。然后我就会准备相应的贺卡，在上面写上："亲爱的×××，"并在贺卡的最后签上自己的名字。除此之外，我还经常会在附言中写道，"您的丈夫/妻子干得棒极了，我为您感到自豪！"这些贺卡取得了非常良好的效果，经常会有水兵过来向我表示感谢。就这样，通过这些小小的卡片，我让"本福尔德号"成了一个大家庭。

很快，我们的一艘姐妹舰艇的指挥官听说了这件事，他觉得这是个很不错的主意，于是就让他的执行指挥官也给水兵们的配偶发去了生日卡。可问题是，这位执行指挥官没有正确领会他的意思，结果把所有的贺卡都在同一时间发送出去，结果可想而知。事实上，这在某种程度上也反映了该舰艇长期以来一直存在的问题：这位指挥官的本意是很好的，只不过执行者并没有正确领会上司的意图。在我看来，这也正是制约该舰艇水平提高的一个重要原因——因为他们并没有形成一个相互支持的氛围。而这正是"本福尔德号"的优势所在。

根据我的观察，大多数年轻的水兵都来自社会底层。在跟这些年轻人相处的过程当中，我总是试图把自己放到他们父母的立场上，想象在收到带有指挥官亲笔签名的贺卡时，他们会有什么感受。我甚至还能想象得到，当水兵们知道这件事情之后，他们会怎么想。就是在这种情况下，我开始给水兵的父母们写信，尤其是当他们做了一些值得表扬的事情时。结果，收到这些信之后，父母总是会给自己的孩子打来电话，告诉孩子自己是多么为他而自豪。实际上，这些信也给了父母们巨大的鼓励，直到今天，我还是会收到很多来自这些父母的圣诞卡。

记得有一次，在表扬一个项目小组的时候，我开始犹豫要不要给其中一位成员的父母写信——说实话，和其他几位水兵相比，他的成绩并不算优秀。后来我告诉自己："为什么不呢？他毕竟是这个团队的一分子啊！"就在准备寄信的时候，我了解到原来他的父母已经离婚了，于是我就给他的父亲和母亲分别寄去了一封信。大约两个星期之后，这位水兵含着眼泪来到我的办公室。

"出什么事啦?"我问道。

"爸爸一直说我是个一事无成的家伙。可他刚刚给我打来电话,他向我表示祝贺,而且还告诉我他为我感到自豪。这是他这么多年来第一次这样鼓励我。长官,谢谢您!"

那一刻,我被深深地打动了。

"本福尔德号"上最优秀的水兵之一是一位名叫达伦·巴顿的家伙,他来自阿肯色州的小石城,是一名中士。服役期间,达伦成了一名优秀的导弹专家。我给他的妈妈卡罗尔女士写了封信,告诉她达伦的表现,并向她表示祝贺。她感到开心极了。后来,当克林顿总统访问小石城的时候,她居然拿着我给她写的信,要求总统在上面签上自己的名字。后来她把这封信复印了一份寄给了我,直到今天,我还保留着这封信。

让我感到欣慰的是,几乎"本福尔德号"上所有的军官都会把我当成朋友。比如说,他们可以毫不犹豫地对我说:"你好!长官,我想告诉你一声,洗衣房的琼斯干得好极了!你能不能抽个时间表扬他一下?"或者是"声呐兵史密斯在管理数据库方面可真是一把好手,应该表扬一下!"

和他们谈话是我一天当中最快乐的时候,而且它不会浪费纳税人一分钱。跟水兵们交谈的次数越多，他们跟我之间的距离就越近。而且我发现，我的每一次表扬都会让他们更加努力地工作。结果整个舰艇的士气都得到了明显的提高。这件事使我意识到，和惩罚相比，这种面对面的鼓励无疑是一种更加有效的领导方式。可事实上，很多领导者和企业的管理者的管理方式恰恰相反。他们往往只通过电子邮件或移动电话跟下属交流，许多领导者甚至从来不离开自己的办公室。即使在表扬别人的时候，他们也只是通过电子邮件的方式进行表扬或者祝贺，好像这与面对面的表扬并没有什么区别。事实并非如此。虽然通过电子邮件表扬相对来说比较简单，可这种做法的效用却远远比不上面对面的表扬，因为通过电子方式进行交流，会削弱人与人之间的情感互动。对于我们人类来说，这不仅是一种耻辱，它更是一个巨大的错误。

我的妹妹康尼在一家大银行工作。她的一位下属曾经干过一件很漂亮的工作，为银行赚了数十万美元，于是康尼的上司给她发了封电子邮件，向她表示祝贺。可就在那天下午，当这位上司在跟她同乘一部电梯的时候，几乎没有感觉到她的存在。想想看，在这种情况下，上午的那封祝贺信还有什么意义呢？

还记得上次你的上司当面夸你"干得好"的时候你的感受吗？你也可以给予别人这样的感受，如果可能的话，一定要当面说这句话：动用你所有的身体语言，要充满热情，让对方感到你是发自内心的赞赏。记住，往往就是这些小事情最终导致了很大的区别。

根据美国海军部的规定，每艘舰艇上都会安排民意监察员，他们的作用通常是保证水兵和他们家人之间的沟通。这样可以使得水兵的家人能够随时了解船上所发生的一切，并可以及时联系上自己的亲人，而且这些监察员通常是船上某位成员的配偶。可以想象，对于一艘常年在外的舰艇来说，民意监察员是一个非常重要的角色。从我接管"本福尔德号"的那一天起，我就决心要让我们的监察员成为整个海军当中最优秀的监察员，结果呢？她干得比我想象的还要好。

西尔维娅·尚克有一条电话专线，水兵的家人们可以通过这条专线给她留言，然后她就会把这些信息转发给船上的水兵。她会让所有水兵的家人都知道自己亲人的动向。如果船上发生了什么意外的话，她就会在第一时间向相关水兵的家人通报最新的消息。如果某位水兵的家里有人过世的话，她就会安排这位水兵赶回家参加丧礼。或者说如果某位水兵家里有人生病住院的话，她也会负责传递信息。有的时候，她甚至会帮助那些无法忍受与亲人分离之苦的水兵家庭排解心理上的烦恼。可想而知，对于常年在外的水兵们来说，监察员已经成了一种力量的源泉。他们越了解家里的情况，就越能全身心地投入到工作中去。

据我所知，很多企业当中也都设立了类似的项目，可问题是，它们的监察员很少能够真正发挥应有的作用。比如说，我有一位朋友，他是一名经理人，一次出差的时候，他的心脏病突然发作，住进了医院，住院期间，他希望能够有家人陪伴在自己身边，帮助自己排解苦闷，可公司却没有进行相应的安排。可想而知，这家公司的人事部门并没有尽到自己的职责。

事实上，我在"本福尔德号"上的很多管理技巧都可以应用到公司的日常管理当中。比如说，我们会为一些表现优异的士兵颁发勋章，可对那些离开的人却不会这样做。因为在我们看来，后者是一种不负责任的表现，因为这些离开的人根本就没有考虑到其他继续留下来的人的感受。可我对这项政策却表示反对。因为在我看来，向那些即将离开的人颁发勋章至少传达了两个重要的信号：这表明我们承认了这些人曾经做出的贡献；而且同样重要的是，它对那些继续留下来的人也是一种鼓励。

根据海军部的规定，每位舰长每年可以颁发 15 枚勋章。可在接管"本福尔德号"的第一年，我就颁发了 115 枚勋章——几乎所有离开舰艇的士兵都得到了一枚。即使有些人的表现可能并不是那么出色，只要他尽了全力，我也会同样给他颁发勋章。颁发完这些勋章之后，我会发表简短的演讲，公开向接受勋章的人表示感谢，感谢他们为"本福尔德号"所付出的一切，并祝愿他们在离开海军的日子里一帆风顺。人们常常会为受到这样的待遇而感动得流泪。有的时候，水兵们会讲一些滑稽故事，在阵阵笑声当中，大家一起回忆在"本福尔德号"上度过的美好时光。

我所颁发的勋章被称作"海军成就勋章"。我常常在想，其实每个公司都可以向员工颁发这样的奖章，比如说"通用电气质量之星奖"、"IBM 卓越奖章"或"微软杰出成就奖"，等等。虽然这只是一种象征性的奖励，但如果方法适当的话，它的作用将是非常明显的。

信任你周围的人，他们通常都值得你这样做

每年海军部都会派出很多视察员到各舰艇视察，在全军范围内进行一次大的评估。在视察的过程中，这些视察员会对水兵的作业能力以及整艘舰艇的总体作业水

平打分，然后针对 24 个领域进行总的评级，最低为一级，最高为四级。

这样做的目的是帮助海军部门确定水兵的弱项，以及还需要在哪些方面对他们进行更多的培训。可需要指出的是，这并不是说那些评级较高的舰艇就不需要进行训练了。事实上，无论评级的结果如何，所有的舰艇都会在评估之后在海上进行六个月的强化训练。

可想而知，在这种情况下，水兵们根本没有动力让自己的舰艇达到四星级水平。事实上，在大多数水兵看来，一级已经足够了。

可"本福尔德号"却并不这么认为。

本来，我的目标是在总体评比当中达到二级的水平，可当我意识到自己的水兵完全可以做得更好的时候，开始把目标定为三级：对于水兵们来说，这可是一项巨大的挑战。

同时我必须承认，除了激发水兵的潜力之外，我还想通过这次评比打败我的那些竞争对手。他们的评级将在我们之后进行，而根据我的了解，他们的目标就是达到一级水平。那些指挥官根本没有想到我们会打破长久以来形成的惯例。事实上，我们要让所有的评级人员感到惊讶。

目标确定以后，我们遇到的第一个挑战就是找到足够的人手来监督整个评比过程。"本福尔德号"的作战系统指挥官告诉我，除去那些身肩重任、根本无法脱身的军官之外，我们只能抽调出大约20名军官进行监督，这让我大吃一惊。

情急之下，我做出了一个大胆的决定："很好，那就从下一级军官当中抽调人手吧。不一定非要找那些经验丰富的高级军官，找一些年轻的下士。"

"可这些人毫无经验。"他说道。

"那就给他们一次机会吧，"我说道，"反正我们也没有更好的选择了，不是吗？把那些有经验的高级军官派到最紧要的岗位上，其他的岗位由年轻人来承担。即使达不到三级，我们也不会有什么损失。"

这件事给了那些中士和下士以极大的鼓舞，他们干劲十足，决心要干得比那些高级军官更为出色。其中搜捕小组给人留下了尤为出色的印象，带领它的是全船最年轻的士官生之一（因为我们对他非常有信心）。知道这个消息以后，那些评级人员马上表示反对，说他们无法评估一个由下士率领的团队。我坚持了自己的意见，结果，这位年轻人干得棒极了，那些评级人员也都赞叹不已，最终他们对这个领域的评级是：四级。

这件事让我意识到，有的时候，管理者必须学会打破现有的等级层次，让那些基层的人肩负起更加重要的工作。而且我相信，通过给予年轻人更大的责任和挑战，管理者往往就能够帮助这些人充分释放自己的潜力，最终达到前所未有的水平，在起用这些年轻军官时，我给他们定下的目标只有一个：让"本福尔德号"成为最棒的舰艇，结果他们取得的成绩远远超出了我的意料。

这件事情也给另一个即将评级的舰艇带来了巨大的冲击。在对"本福尔德号"的评估结束之后，另一个即将评级的舰艇的指挥官开始意识到自己的处境，于是马上进行全舰总动员，把此次评级的目标由原来的"一级"调整为"四级"。

但卓越的表现并不是通过命令得到的。你必须进行精心的规划，耐心细致地执行，同时还要有一定的人才储备。

评比之后四个月，美国海军的最高长官——海军总司令对整个评比进行了审查，最终他决定：那些能够达到"本福尔德号"的评级水平的舰艇可以免除随后六个月的海上集训，而且还强调，这项决定适用于美国海军各大舰队。回想起来，所有这一切的成绩都是因为我当初所做的一个决定:放权,把责任交付给那些有能力并且时刻准备接受挑战的人。

重视新手,善待新手

和许多公司一样,美国海军在对待新手方面也差强人意。新兵通常会被送往伊利诺伊州的大湖区,就在芝加哥附近。按照规定,他们会在那里接受一段时间的集训,然后在某一个星期五的早晨,训练营会为他们举行毕业典礼,在下午把他们送上飞机,并于当天夜里抵达圣迭戈的美国海军基地。到达圣迭戈之后,这些士兵需要自己找到报到地点,一般不会有人在机场迎接他们。而且更为糟糕的是,甚至根本没有人知道他们要来报到。因为在他们正式加入美国海军的第一个晚上,他们的战友通常都是正在准备过周末,根本不会有人迎接他们,或者是对他们表示欢迎。

在接管"本福尔德号"之后不久,我跟新兵们进行过几次交谈,并询问了他们来到海军第一天的感受。大多数人都说自己感到非常沮丧,因为他们在这里没有朋友,而且也得不到任何照顾。在从周五晚上到周日晚上的48小时里,他们基本上是独自待在船上,因为其他所有的人都上岸过周末去了。这使我想起了自己刚刚加入海军时的情形。记得我到海军学院报到的时候，只有17岁，我至今还记得自己在海军学院的第一夜有多么恐怖。"必须为这些孩子们做些什么！"我对自己说。

于是我把执行指挥官、少校哈利，叫到了我的办公室。

"我们通常为新兵们准备了什么节目？"我问他。

"我不知道。"他回答道。

"那好，马上去查一下，然后向我报告。"

第二天，哈利来到我的办公室。

"报告舰长，我已经查过了，我们并没有为新兵准备任何节目！"

"你的女儿今年五岁了吧，"我跟他说道，"12年之后，如果她也加入海军的话，你希望她在第一个晚上受到什么样的接待呢？"

"我希望人们能好好对待她！"他回答道。

所有的水兵都是其他人的儿子或女儿，他们的父母也都希望自己的孩子能够受到很好的对待，这是我们的责任。

"如果你的女儿刚刚加入海军，或者说刚刚来到自己所在的舰艇上，你希望她做的第一件事情是什么？"

"我想让她给家里打个电话，告诉我她已经安全到达了。"

"好极了！我们也可以把新兵带到我的办公室里来，让他们给自己的父母或朋友打个电话，向他们报声平安，你觉得这个主意怎么样？政府的电话费很便宜，30分钟才90美分。而且我敢保证，这将是国防部最聪明的一笔投资。"

很快，我们为"本福尔德号"确定了一整套新兵欢迎仪式：首先，我们将从训练营那边了解到有哪些人将来圣迭戈，查明他们乘坐的航班，然后到机场迎接他们，把他们带到船上。如果我不在船上的话，将由值班指挥官负责迎接这些新兵，跟他们握手，然后把他们带到我的办公室，让他们给家里打个电话。打完电话之后，这些新兵将被带到他们的卧室（床铺已经被整理干净），并领取自己的储物柜的钥匙，然后由几位经验丰富的老兵（我们称其为"陪同战友"）带领他们参观整个舰艇。

第二天，陪同战友将开车带着新战友参观圣迭戈的海军基地，告诉他们健身房、游泳池、剧院、教堂以及医院等场所的位置。在这个过程当中，陪同战友将告诉他们一些基地生活的必要常识，对于一个年仅17岁、刚刚踏入社会的年轻人来说，这是非常重要的，比如说哪些人不应该接触，哪些事情应该避免，哪些地方天黑以后不应该去（因为那里会比较危险）等。在这之后，陪同战友还将扮演起导游的角色，带领这些新兵前往圣迭戈的海上世界以及科罗纳多酒店。通过这一系列活动，我们想让这些新人产生一种家的感觉，希望他们能够把圣迭戈当成自己的新家，把"本福尔德号"上的其他人当成自己的家人。

在刚到"本福尔德号"的第一个星期里，这些新兵仍将继续跟他们的陪同战友待在一起。而且在最初的48小时内，他们将一起来到我的办公室，跟我见个面，大家相互认识一下，我会以同样的方式对他们表示欢迎："欢迎来到'本福尔德号'……欢迎加入我们！"

除了让他们熟悉环境之外，我们还希望这些新兵能够用自己的热情去感染其他水兵。与此相反，在企业当中，我常常发现很多精力充沛的年轻人很快就变得毫无干劲，那是因为他受到了不良企业文化的感染。在"本福尔德号"上，我希望那些新人能够始终保持热情，并用自己的热情去感染其他人，让他们也焕发新的活力。

仔细想一下，你都为自己的新职员做了些什么呢？据我所知，在很多企业中，那些充满热情的年轻人常常会在第一天工作的时候遭遇到很多意想不到的尴尬：桌子上没有电脑可用，薪水和奖金会被拖欠，有问题的时候也只能找一些一知半解的助理人员回答，因为主要负责人都太忙了！你的公司是这样吗？如果答案是肯定的话，我建议你要小心了，因为这些员工很可能已经对公司产生了不满，他们的热情也将被渐渐磨灭！

我们的这些努力最终有了回报。新到的水兵为"本福尔德号"带来了新的活力，他们的热情和自信感染了整个舰艇。当其他舰艇听说这件事情之后，他们也开始纷纷设立陪同战友项目。我所在驱逐舰中队指挥官甚至为一些舰艇的新兵欢迎情况亲自录像。

推动所有的人一起进步

自从第二次世界大战以来，甚至可能是更早的时候，海军部就为水兵们定制了统一的羽绒制服，这些衣服的颜色通常是非常难看的灰蓝色，而且既不保暖，也不防水。对于年轻的水兵们来说，他们可不愿意穿上这样的制服。有一次，在参观一家海军用品商店的时候，一位水兵看到了一种自己喜欢的款式：浅蓝色的三角帆质地，带有反光条形带，同时装有救生装置。回来之后，他马上把这件事情告诉了我。海军部发的制服每件要150美元，而商店里的这种款式每件只要90美元，它们不仅能防水、保暖,而且还有救生功能。如果我们能大批量购买的话,店主还答应帮我们在衣服后面免费印上"美国海军本福尔德号"的字样。

"这真是太棒了!"我说道。于是我们用"本福尔德号"的信用卡为水兵们购买了310件新款式的服装。衣服送来之后,大家都兴奋地换上了新的衣服,效果好极了!

第二天,当另一艘舰艇驶进我们的港口时,它的水兵们看到了我们的新制服。半个小时以后,那艘舰艇的军士长过来告诉我:"我们舰长命令你们立刻换上原来的制服!"

"真的?为什么?"我问道。

"要知道,你给我们惹大麻烦了,水兵们都想换上和你们一样的制服!"

如果不是因为那位舰长是整个太平洋舰队当中资格最老的指挥官的话,我肯定要当面笑出声来。根据美国海军的规定,高级军官应该负责海港的治安,可在这位军官眼里,"本福尔德号"的新制服俨然已经成了威胁港口安全的危险因素。

"你们为什么不给水兵们买同样的制服呢?"我问道。

"他们会偷走这些制服的,"他说道,"在进入港口之前，我们把所有的羽绒制服都收了上来，锁在储藏室里。要知道，我可不相信这些家伙！"

这就是两艘舰艇之间的差别：我们从来不用担心"本福尔德号"上的水兵会偷自己的制服。如果愿意的话，水兵们可以把这些制服穿回家里。事实上，可能是由于太喜欢新制服的关系，他们很少会把它脱下来。

我告诉这位军士长我不准备接受他们舰长的命令，因为我觉得这是不合法的。"如果他坚持的话，"我说道，"我可以跟他一起到上司那里去理论。"

可能我的这种反应有些过火，但我觉得自己的行为是很正当的。因为我记得，还是在国防部工作的时候，我也曾经经历过类似的事情。

根据国防部的规定，各个兵种都会有各自独立的财政预算，而且他们可以按照自己的方式安排自己的财政。空军比较注重生活质量：他们建造了漂亮的大楼，宏伟的空军基地，并且为士兵们配备了良好的医疗设施。陆军和海军陆战队的做法几乎完全相反。虽然他们跟空军部队比邻而居，可相比之下，陆军和海军陆战队就像是住在贫民窟里。显然，这是一件让人非常尴尬的事情，所以陆军和海军陆战队的司令官就要求国防部长佩里从空军的预算当中抽出一部分，作为对空军和海军陆战队的补偿。佩里低头想了想，然后断然拒绝了这个要求，他的理由非常简单：国防部的目标不应当是降低士兵们的生活标准，恰恰相反，它应该是尽量把所有士兵的生活标准提到尽可能高的水平。

这句话我一直记在心里。可现在，这位舰长考虑的不是给自己的水兵更换制服，而是要我们恢复到以前的状态，显然，这是我不能接受的。他可以把我踢出海军部队，但只要有一线希望，我就不会改变自己的主意。

这位军士长向他的舰长转达了我的回答，半个小时之后，我接到了新的指令："舰长决定，你们可以继续穿现在的制服。"

事实上，他们也可以买到同样的制服，可他们并没有这样做。与此同时，在看到了"本福尔德号"的新制服之后，我所在的驱逐舰中队的总指挥下令，为所有其他五艘舰艇全部按照"本福尔德号"的样子定制了新制服。

嫉妒是一种非常强有力的情感，而且如果不加以克制的话，它很可能会导致非常严重的问题。领导者尤为要注重克制自己的这种情感。一位满怀嫉妒的领导者很可能会让自己的下属不知所措，甚至可能会产生心理上的阴影。克服嫉妒心理的方法非常简单：从内心尊重那些为你工作的人，让他们感到自己受到了重视，让他们相信"帮助别人就是帮助自己"的道理。我相信，如果能够做到这一点的话，你所在的团队很快就会成为一个齐心协力的团队，每个人都会愿意为了团队的成功而尽自己最大的力量。

帮助上司取得成功

如果不是首先帮助上司成功的话，我根本就不可能带领"本福尔德号"取得现在的成就。对于一位管理者而言，没有什么比时刻企图超越自己的下属更让人感到心寒的了。很多人都在想着如何爬到比现在的上司更高的级别，可我却并不这么想：我的目标是成为一位最优秀的队员，我的目标就是帮助自己的上司取得成功，为了达到这一目标，我常常会设身处地地为他着想。用商业的语言来说就是：我会努力让自己成为客户服务的高手。

在我看来，我的上司们最大的心愿就是有一位能够自发地完成任务的下属。他们想让我成为他们的骄傲，让"本福尔德号"成为整个太平洋舰队的典范。具体来说，他们希望"本福尔德号"能够在各方面都做到第一，而且是在不超出目前预算水平的情况下。

于是我就把这当成自己的目标，并且要在不受任何督促和命令的情况下自觉地完成它们。在这个过程中，我常常让自己从上司的角度看问题，他们有太多的事情需要处理，不可能整天盯在后面，督促我进步。在这种情况下，如果我能够自觉地完成任务，并取得优秀的成绩，他们就可以把精力更多地集中在其他事情上面，这就是一位理想的下属所应该做的。

就这样，我开始把我的顶头上司当成是一个成长型市场。在海湾战争期间，复杂的形势为我们提供了大量提供服务的机遇。事实上，萨达姆在这一地区制造的危机反而给我带来了更多的客户：随着海湾地区形势的不断恶化，美国海军部陆续派来了两位准将和一位直接对多位上将负责的高级军官。

虽然在整个海湾地区驻军当中，我是最年轻的指挥官，但我还是希望能够加入到决策层当中。因为只有这样，我才能够尽可能地扩大自己的影响力，把那些愚蠢的决策"扼杀在摇篮之中"。为了达到这个目的，我开始与所有的高级军官建立起直接的个人联系。比如说，由于在鲍勃·莫勒舰长到达海湾地区并负责整个地区空中防务的前三个月的时候，"本福尔德号"就已经开始在海湾地区开展作业，所以相对而言，我对这一地区的了解显然要比他更为深入，于是当他来到这里之后，我就开始考虑为他做点什么。得知他即将上任以后，我立刻给他发了封电子邮件，在这封邮件当中，我首先向他进行了自我介绍，告诉他我在随时待命，并把一些他可能需要的信息主动发送给他。为了使我们之间的联络保持一种私人的性质，我并没有把这封邮件抄送给任何人。就这样，莫勒马上对我产生了好感，因为他知道，我只是希望能够通过这种方式提高我们的作业效率，并没有其他目的。

当他和他的舰艇还在印度洋上航行的时候，我就私下给他发去了一条信息，告诉他海湾地区的现状。当然，我必须重申，我这么做的目的只是为了提高我们的作业效率，而不是为了获得他的好感。所以我希望他能尽可能多地了解海湾地区的形势，而且最重要的是，我希望自己能够影响到他的决策。

毫无疑问，在做出任何决策之前，我们的空中防务指挥官必须首先获取足够的信息，但由于我事先已经跟他取得了两次联系，所以很自然地，他会对我多一些信任，而且会很重视我的想法，并且会更容易接受我的意见和建议。在合作了一段时间之后，他开始逐渐吸收更多的指挥官参加到我们的决策团队当中，就这样，整个海湾地区的空中防务能力大大提高。他获得了极高的声望，而且他也愿意把这种声望与我们一起分享。回过头来想一想，如果当初存在任何私心的话，我很可能根本无法取得他的信任，更不要说参与他的决策过程了。

在与负责搜捕的准将迈克·达菲交往的过程中，我也采取了同样的策略。他是一个对凡事都有很高期望的人，可在与我们交往了一段时间之后，他还是喜欢上了"本福尔德号"。我们比他抵达海湾地区的时间要早，而且在他到来之前，我们已经对这一地区的搜捕情况做了详细的了解，所以在他到来的时候，我马上私下里向他提供了一些关于如何改进搜捕作业的建议。正像我前面说过的那样，他是一个非常挑剔的人，所以我们向他提供的信息必须准确，而且提供信息的方式也必须适当。如果他对我们的信息没有做出任何反馈的话，我们就会马上停止，不再继续打扰他。就这样，过了一段时间之后，他开始对我们的建议重视起来，我们之间的关系也得以日益密切。

达菲非常欣赏"本福尔德号"的计算机数据库，认为它能够有效加快美军在海湾地区对过往商船进行安全检查的效率，于是他决定把该数据库推广到整个舰队。在推广的过程中，有人甚至认为这是他的发明，可达菲先生并没有对此予以否认。我并不在乎这一点，毕竟，我的目标并不是要博得任何人的称赞。对我来说，我只想成为一名团队成员，我的目标就是要提高整个美国海军的形象和作业效率，事实上，如果说我有什么野心的话，那就是我想把"本福尔德号"变成美国海军最优秀的舰艇。

除了这些高级军官之外，我们还与他们的办公小组的很多成员成为了好朋友。这些人都是高级军官们的得力助手，因此他们肩负的任务也非常艰巨，他们常常要在很大的压力下工作，而且他们所能够支配的资源通常也非常有限。通过私下里向他们提供帮助，我们让他们在上司面前表现得更为出色，而与此同时，他们也会在自己的上司面前对"本福尔德号"大加称赞，这无疑会在很大程度上提高"本福尔德号"的声誉。

到达海湾地区后不久，五角大楼开始对"战斧式巡航导弹"的装置和发射做出了更为严格的规定。但从根本上来说，他们这么做的目的在于提高整个流程的作业效率。这可不是一件容易的事，即便那些执行的任务远比"本福尔德号"简单的舰艇也很难在规定时间内达到新要求规定的水平。我们是怎么做的呢？在接到新的任务之后，我们认真阅读了所有的相关材料，了解了所有设备的运作情况，然后提出了一些非常富有新意的想法。我们把这些想法做出了一份长达10页的报告，把它转发给所有海湾地区的舰艇，就这样，我们的许多想法最终都成为了海湾地区舰队的标准作业方式。事实上，它很快成为了整个美国海军部队通用的作业方式。

美国和它的盟友从我们的发明中获得了巨大收益，而其中收益最大的还是我的上司——中将汤姆·法戈。试想一下，如果他不得不告诉五角大楼"我的舰队无法完成任务！"的话，那将会是一件非常难堪的事情。"本福尔德号"通过自己的努力大大提高了整个舰队的工作效率，这自然让他感激不已！

我们的习惯就是采取主动，尽可能地向我们的客户提供他们所能想象得到的最好的服务。正因为如此，在海湾战争期间，美国海军部把最困难的任务交给了我们，对我来说，这是一项莫大的荣耀！

只要对下属充满信心，他们就不会让你失望！

1997年秋天，海湾地区。我为"本福尔德号"水兵们的表现感到自豪，因为无论从哪个方面来衡量，他们所取得的进步都是值得称道的。而且随着我对他们的了解逐渐加深，我开始越来越强烈地相信，他们之中蕴藏着无限的潜力。

想想看，无论是在美国海军还是在任何其他组织当中，这种由于没有认识到下属的潜力而导致巨大的资源浪费的现象难道不是很普遍吗？我相信，如果你不能够对自己的下属充满信心，而是一直在把他们当作傻瓜对待的话，他们一定不能取得更好的表现。为什么不把你的下属当作天才，好好对待他们，给予他们很高期望，让他们有更优秀的表现呢？这听起来可能是有些太理想化了，可事实上，这正是"本福尔德号"能够成为美国海军最优秀的舰艇的秘诀所在。

而且我相信，所有组织的领导者都可以通过给予下属更多的信任，鼓励他们积极表现，进而有更高水平的表现。

作为一艘军事舰艇，"本福尔德号"的主要任务就是提高战斗力。考虑到很多水兵在参军之前有过不良的经历——比如说有吸毒史、曾加入过黑帮等，领导这样一个组织的压力是可想而知的。虽然这些孩子们绝对不想再重复以前的经历，可他们并不知道自己到底要过上一种怎样的生活。

要想激发这些人为自己所在的组织做出新的贡献，必须首先让他们接受严格的训练，树立起他们的责任感和纪律观。不仅如此，领导者还必须能够理解他们的心理，而那些能够真正理解他们的领导者所得到的将是一种团结协作、积极向上的组织文化。

在我跟水兵们进行一对一交谈的过程中，一个最大的收益就是，我开始对他们每个人的生活有了更深入的了解。比如说，他们为什么会加入海军部队，他们的目标和梦想到底是什么，等等。这给他们带来了前所未有的震撼，因为在以前，从来没有一个领导者能够坐下来跟他们聊天，真正关心他们的理想，并帮助他们设法实现自己的这些理想。

在聊天的过程当中，我很快发现了一个有趣的事实：在所有的水兵中，有大约50%的水兵加入海军的原因是父母无法供他们上大学。他们加入海军的一个主要目的就是：希望能够在以后深造的时候可以减免学费。当我问他们是否在为进入大学做准备的时候，有45个人都说自己从来没有接受过学习天分测验（scholastic aptitude test，SAT）。为什么不呢？因为他们的看护人、父母或者是老师对他们已经完全失去了信心，认为他们永远不可能进入大学。

这让我深深地感到震惊，我马上告诉"本福尔德号"的第二把手，让他找到一位SAT管理人员，并在最短的时间内用直升机把他送到船上来。和平时一样，他吃惊地看着我，好像我的头上被打了个大洞一样。但无论如何，他成功地完成了这项任务。就这样，在一个星期六的下午，在伊拉克以南 30 英里的地方，"本福尔德号"上的 45 名水兵参加了 SAT 测试。当结果最终出来的时候，其中一位女水兵的综合成绩竟然高达 1490 分，要知道，凭着这个成绩，她完全可以进入美国的常春藤联盟学校。而且说实话，她的这个成绩远远高于我当初进入安纳波利斯大学的成绩，而且我是在连续考了两次之后才取得那样的成绩的。

SAT 测验的结果让所有人都感到振奋不已，很多人开始利用海军人员的特权通过光盘进行学习，并准备参加大学入学考试，在学完课程之后，他们会参加考试，然后写一篇论文交给指导老师。很快，"本福尔德号"就有超过 100 名水兵报名参加。还有 68 名水兵报名参加了数学辅导以及大学英语入学考试，准备把在高中时期没有完成的课程补齐。

我对此给予了大力支持。因为我深信，无论他们今后是否继续留在海军部队，不断地学习都能够使他们在以后的日子里为社会做出更大的贡献。让我感到惊讶的是，这件事情还激励了水兵们参加了很多其他类型的测试，并且取得了良好的成绩，例如在海军部设立的提升课程中，"本福尔德号"的提升率是海军平均提升率的

2.5倍。通过不断地学习，水兵们逐渐掌握了所有的必备技能，而在这个过程中，"本福尔德号"上的生活也变得有趣起来。在各种考试中取得的好成绩极大地提升了水兵们的自信心，也为他们今后谋得更好的工作打下了基础。不仅如此，水兵们的进步也大大提高了"本福尔德号"的战斗力。

我知道，企业界的竞争非常激烈，老板们根本没有时间去了解和指导自己的下属，他们能做的就是把那些表现不佳的员工开除。每位领导者的权力都受到一定限制，所以他们不可能为自己的下属谋求太多的便利。但请仔细考虑一下我的经验，其中有很多环节所牵涉的都是组织态度和观念问题。在我看来，我为了解下属、支持他们进步、发掘他们的天分所做的每一分努力都给我带来了巨大的回报。

建立强大稳定的人才储备

当我接管"本福尔德号"的时候，我发现船上普遍存在着分工过细的问题：每个岗位只有一个人能够担任。这使我处于一种极为不利的形势，事实上，那些身处重要岗位的军官完全可以对我进行要挟。因为他们一旦由于某种原因而离开的话，"本福尔德号"很可能就会陷入一种彻底的混乱状态。这可不是我想要的。

于是我马上开始着手进行后备力量的建设，这项活动一直持续了两年。当然，这让一些人感到自己的职位受到了威胁，并对我表示不满，可作为一名舰长，"被喜欢"显然不是我的主要任务。

从海湾地区返回圣迭戈的航程是六个星期，"本福尔德号"以 R&R 的模式航行。经过了 100 天的辛苦操劳之后，水兵们很自然地希望能够在返航的路上参观一下沿途那些美丽的港口。在最初的 24 小时里，我并没有试图去打扰他们的这种心绪：每个人都很放松，大家到处走走，我们还举行了野餐。毕竟，也该让他们休息一下了。可从第二天开始，我们开始启动一个新的项目，目的就在于加快水兵们的学习过程。

我们每天都要进行操练。水兵们开始怨声载道，他们觉得自己应该好好休息一下。看到这种情况之后，我马上宣布强制进行集中训练，不得有任何例外。我让他们选择返回圣迭戈之后的生活：他们可以在海滩上和家人一起悠闲地吹海风，也可能不得不继续留在船上。如果选择第一种生活的话，他们必须现在完成训练。

训练马上开始了。我们不仅保持了水兵们当前的作业水平，还为每一个岗位训练了三到五级的后备梯队。

当一个梯队熟练掌握了某项作业之后,我们就开始对第二梯队进行训练,然后是第三梯队、第四梯队……很快,船上的每一个岗位都有了四到五级的后备梯队。

交叉训练使整个舰艇的实力大大增强。当我们到达圣迭戈的时候,船上很多刚刚加入海军的年轻水兵都已经能够完成上士的工作了,而且干得很棒。通过鼓励人们不断进取,承担更多的责任,整个团队的士气也得到了提升。通过内部成员之间的相互学习,整个团队的技能和精神面貌提升了。这对于"本福尔德号"的意义可想而知。

回到圣迭戈之后,"本福尔德号"进入了30天的调整期。水兵们被分为两队,轮流享受15天的假期。假期结束之后,我们开始再度出海,进行一次为期三个星期的训练航行。整个航行过程由一个外来的专家小组负责评估,他们的任务是衡量我们为下一次任务所进行的准备程度。对他们来说,舰艇存在的意义好像就在于不断地"被评估"。

为了检验交叉训练的效果,我决定派第三或第四梯队负责作业。因为他们将在"本福尔德号"上继续留任4～5年时间,他们是我们的未来。让他们来展示"本福尔德号"的实力,显然是再合适不过了。

他们干得棒极了。根据评估者们的看法,我们的第三和第四梯队的成绩要高于 90% 的其他舰队的第一梯队的作业水平。评估者们对"本福尔德号"所取得的成绩惊讶不已,"显然,"他们说,"你们在训练上投入了很大精力。"听到这句话,我终于松了一口气——长久以来的努力终于得到了认可。

水兵们也松了一口气,"终于结束了!"

经常向下属提出真诚的忠告

对于任何一位管理者来说,在年度或半年度评估的时候向下属提出忠告是一件非常困难的事情。对于水兵来说,年度评估的成绩很可能会造就或毁灭他们整个的职业生涯,所以评估显然成了一个难题。对我来说,解决这一难题的一个最重要的手段就是:经常向水兵们提出真诚的忠告。

对于任何评估活动来说,无论结果如何,肯定都会招致一定的怨恨,这是一件非常不幸的事情。但通过一种谈心式的忠告,我会让水兵们非常明白评估的标准到底是什么,这样他们就不会对结果产生太大的质疑。

对于"本福尔德号"上的那些中层管理人员,我为他们设定了非常明确的评估标准。我告诉他们我希望他们能够成为各自领域的专家，并且我将以他们是否达到这一要求来评估他们的表现。不仅如此，我还希望他们能够规划一两个项目来提高全体水兵的生活质量，或者是整个舰艇的战斗力。我相信，当人们看到自己的战友正在负责一些大型项目的时候，他们就会知道："只有这样，才能在评估中取得优异的成绩。"这完全是上进心的问题。如果你希望在评估中取得好的成绩，那你就必须为舰艇做出更多的贡献，你必须做一些能够影响到整个组织运作质量的工作，否则就不可能取得很好的成绩。

要想知道一次评估是否成功，关键就要看被评估者的反应。如果他们对评估的结果感到非常意外，那就说明评估者事先并没有明确地向大家解释评估的标准。相反，如果评估者能够不断地和被评估者交流评估的目标和标准，那后者就不会在看到评估结果的时候感到惊讶。

在一年当中，我会在日常生活中不断地对水兵们的表现做出反馈，而且我通常会每三个月就对他们进行一次相对比较正式的反馈。每当他们做了一些了不起的事情时，我就会立即表扬他们。而每次有人犯错的时候，我也会立即要求他改正。不仅如此，而且我会公开地进行所有这些反馈。而且无论反馈是正面还是负面的，我都会让水兵们感到我的真诚和坦率。即便是当他们犯错误的时候,我也会给他们改正的时间。这是成为一名出色的管理者的关键:经常提出坦率而真诚的忠告。

没有人希望与他人陷入一种敌对或对抗的状态,可有时候,这种状态是在所难免的。这就是我们的工作。我们不能一味地回避,在有些情况下,我们必须学会对抗。

每次评估结束之后,当我不得不通知那些成绩比较差的水兵的时候,我都会问他们这样一个问题:"你们怎么评价自己的表现?"在这种情况下,大多数人都会承认,与很多同事相比,自己的表现并不算好。

每当遇到这种情况的时候,我总是会和他们进行讨论,帮助他们在今后的工作当中取得更好的成绩。我会告诉他们问题所在,建议他们改正自己的缺点,并为他们提供必要的培训。谈话结束之后,我就会给他们定一个最后期限,要求他们在此之前达到预期的目标。如果必要的话,我还会事先清楚地告诉他们其他可能的后果。

让我感到欣慰的时候,在担任"本福尔德号"舰长期间,我从来没有开除过任何一个人——当然,如果有必要的话,我也会这么做。所有的经理人都不喜欢团队当中那些表现不佳的队员,但前提是你必须给他们至少一次机会。你必须和这些表现不够理想的队员进行开诚布公的交谈,告诉他们问题所在,并帮助他们及时改正自己的缺点。最后,在必要的情况下,你必须果断地抽出大棒,告诉对方,如果他们不能尽快成为一名合格的队员,那么你将不得不请他们离开团队。

在和中尉贾森·米查尔交往的过程中,我就曾经使用过"大棒政策"。贾森是"本福尔德号"的首席工程师,他所肩负的工作是整个舰艇上最重要的工作之一。必须承认,贾森是一个非常有天分的家伙,而且有过在美国军舰"雷德号"上担任首席工程师的经验。但另一方面,他的火暴脾气也是相当出名的。刚开始知道这件事情的时候,我感到非常担心,毕竟,我可不想让他破坏我们辛辛苦苦才建立起来的好气氛。

我曾经给他放过一次假:在上次圣诞节的时候,由于他参加海湾战争而没能和自己的家人团聚,所以我特地调整了他的训练计划,好让他能够回去跟家人一起过圣诞,然后在澳大利亚跟我们会合。在他之前,"本福尔德号"原来的首席工程师在船上工作了3年,后来由于忍受不了压力而离开。首席工程师可以被认为是舰艇上要求最严格的工作了,他们平均一次任务周期通常长达18个月。而且由于首席工程师人手紧缺,他们常常不得不连续在船上工作36个月。前任工程师就非常希望能够在海军研究生院（坐落在加利福尼亚的蒙特雷）拿到硕士学位，所以才不得不申请于9月份以前离开"本福尔德号"。而根据当时的情况，贾森·米查尔要在圣诞节后才能到"本福尔德号"上任，这也就意味着我们很可能要在没有首席工程师的情况下在海上航行近100天，但我还是决定让他前去深造。很多人都觉得我是疯了。可我却坚信自己的这个决定是正确的，因为它可以让我在这段时间里给予海军少尉汤姆·霍尔库姆更多的锻炼机会。对于很多人来说，让一位海军少尉临时顶替一位首席工程师是一件前所未闻的事情，可结果证明，汤姆并没有让我失望，他干得棒极了。这样做的好处就是：当贾森到达以后，我们就有了两位合格的首席工程师。

抵达澳大利亚之后不到两个小时，贾森就赶到了船上。他当场向我表示，他不能认同我的领导风格："你这套对工程师根本行不通，因为他们需要更加严厉的鞭策。"他还表示，自己无法在一个像"本福尔德号"这样的环境里工作。

我简直不敢相信自己的耳朵，居然有人能够在第一天报到的时候对自己的上司说这样的话。冷静下来之后，我告诉他，既然来到"本福尔德号"，我就希望他能够接受我的领导方式。我还告诉他，如果不能做到这一点的话，他将面临怎样的结果：我会立刻请他离开"本福尔德号"，然后发配他到阿留申群岛去修理柴油机。

这让他稍稍冷静了一些，我们之间的冲突就这样告了一个段落。在贾森来到"本福尔德号"的第一个星期之后，我们突然遇到了一次严重的工程事故。当贾森跑到中央控制台的时候，他发现那里竟然没有一位军官或一等士官生在场。根据常识，在一般情况下，如果投入足够的人力，所有的工程问题都能得到解决。于是他传话给自己的两位高级助理，军士长迈克·奈尔和少尉汤姆·霍尔库姆，让他们马上前来报到。当他们来到控制台的时候，贾森当场对他们破口大骂。

奈尔向他解释了"本福尔德号"的做法，并告诉他水兵们对自己的工作态度，"你想让我怎么做呢，难道让我亲自修理它？"迈克说道，"为什么不相信这些水兵呢？我们付给他们钱，对他们进行培训，难道不就是让他们干这个的吗？如果我们凡事都自己做的话，那将会给水兵们的自信心带来极大的打击，因为这样做表示我们根本不相信他们！这样的话，他们就永远无法取得真正的进步。"

贾森简直不敢相信自己的助理居然敢反驳自己。而且更让他感到震惊的是,居然连"本福尔德号"上最低级别的水兵都能处理这样的事故。而且我居然没有要求他每隔 5 分钟就向我汇报一次,他简直感到自己的整个世界都在颤抖。可对于我来说,我并不需要一个凡事都要征求我意见的下属,相反,我想让他们意识到自己的职责,只有这样,他们才能够尽自己的最大努力去完成自己的工作。他们知道我关心他们的工作,可他们也相信,我对他们始终充满信心。

贾森后来告诉我,这是他迄今为止学过的最重要的一堂课。从那天起,他开始意识到,工程师也需要得到尊重,他们也有自己的主动性。就这样,一段时间之后,贾森成为"本福尔德号"上最优秀的工程师,而且在领导下属方面,他也取得了简直无法用语言形容的成就。

第10章
同心协力

我的另一项比较艰巨的任务就是帮助水兵树立团队意识。我要让他们意识到，除非大家同舟共济，相互支持，否则整个舰艇就会陷入麻烦，谁也无法逃脱。

对于任何一个组织来说，在确立团队意识的过程中最困难的一件事就是：让人们暂时放开个人意见上的分歧，能够为整体的利益共同协作。想想看，如果我们的工程师不能让螺旋桨旋转，并把"本福尔德号"送到目的地的话，即使我们有再精密的武器，那又有什么意义呢？在我看来，领导者的任务就是组建一支尽可能优良的团队，对其进行训练，然后在可能的情况下找出一种最好的方式，让所有的团队成员为了总体利益不断努力。

担任国防部长军事助理一年后，在对自己的这段经历进行反思的时候，我曾经鼓起勇气问国防部长："到底是什么使您当初从众多候选人中挑选我呢？"佩里博士回答道："迈克尔，我在政府部门和企业中有过四十多年的工作经验。我本来可以挑选一名最聪明的助手。可问题是，我发现最优秀的队员往往都不是最聪明的，而是那些最能与人协作的。从这个角度来说，你是最合适的候选人。"

在美国军队中，团队作业最大的障碍，同时也是美国军队当中最失败的问题可能是：种族主义和性别歧视。虽然五角大楼反复重申要消灭种族主义和性别歧视，可事实上，种族主义和性骚扰现象仍然非常普遍。这丝毫不奇怪。因为和其他任何组织形式一样，部队也是社会文化的一个缩影。

我坚信，尊重别人不仅符合道德规范，它还能带来很多实际的好处。在担任"本福尔德号"舰长期间，我始终把团结作为一项最基本的领导原则。我们学会尊重每一位水兵，并希望他们能够贡献自己的力量，把"本福尔德号"建设成一个更优秀的团队，而无论他们的种族和性别如何。

求同存异，同舟共济

接管"本福尔德号"之后不久，我发现船上的气氛十分出人意料。于是我决定要研究一下水兵调查当中关于种族差别的那一部分，了解一下不同种族的人是如何看待对方的（为了让继任者能够在尽可能短的时间内对舰艇有一个更好的了解，海军部规定，每当一位舰长离开舰艇的时候，他都必须在全船范围内进行一次问卷调查，并把调查的结果移交给下一任舰长）。

结果表明，"本福尔德号"上的种族和性别歧视现象甚至已经影响到舰艇的运作效率。在这种情况下，人们自然不愿意过多地谈论这件事。可根据我多年的管理经验，虽然好消息会让人感到欣慰，但真正能够帮助人们提高表现水平的，正是那些不好的消息。

围绕种族和性别歧视，我们展开了长时间的讨论，期间我们谈到了很多问题，其中一个最主要的问题就是水兵们的感受。有些女性感觉船上存在性骚扰问题，有些少数民族水兵感觉自己遭到了种族歧视，还有的白人男性水兵感觉自己的上司过于偏向女性和少数民族水兵。无论如何，水兵们感到自己并没有受到真正平等的对待。

了解到这些情况以后，我的第一步行动就是：取消一些突出种族或性别差异的培训项目。这可是一项非常大胆的举动，我可能因此而被开除，但在我看来，任何可能增强种族或差别意识的训练项目都是有害无益的。而作为一名舰长，我绝对不能容许这样的事情发生在"本福尔德号"上面。

取而代之的，是一些强调统一的培训。新的培训项目的主要目的就是让水兵们意识到彼此之间的共同点。我相信，要想做到真正的同舟共济，首先人们必须意识到彼此之间的共同利益。可以想象，如果我要求每个人都跟我一样的话，"本福尔德号"将成为美国海军历史上最糟糕的舰艇。因为作为一名领导者，如果你要求周围的人都跟你一样的话，你就会陷入同质性思维的误区，就很难产生任何真正具有创意的想法。一个团队的目标并不是要让每个人的想法都相同。相反，团队作业的时候应该注重发挥每个人的特点，然后让所有的人都向着一个共同的目标努力。可事实上，在很多情况下，人们会以"个性"为理由来作为自己为所欲为的借口，没有人能够做出完全正确的决定。我相信，无论是在战场还是在商场，成功都没有固定的模式。记得在1776年7月4日签署《独立宣言》的时候，富兰克林曾经这样向英国政府表明自己的立场："我们必须团结在一起，否则，我们无疑将一个个被送上绞刑架。"

为了培养水兵们的团队感，我经常喜欢用华盛顿红人队作为例子来激励大家，在1996年的时候，红人队可谓众星云集，其中集结了大量颇有天分、身价惊人的超级巨星，可结果呢？在整个赛季当中，他们只赢得了几场比赛。到了2000年的时候，红人队球员的年薪水平在整个国家橄榄球联盟的所有球队当中是最高的，可他们的成绩还是不尽如人意。我想要的正是红人队所缺少的，也正是富兰克林所极力称赞的：一个求同存异、同舟共济的团队。

团队作业训练是我亲自参与指挥的为数不多的几个训练项目之一。我亲自视察了舰艇的所有 24 个部门，告诉他们我的感受和目标。首先，我不希望"本福尔德号"上存在任何种族或性别歧视现象。当然，不可否认，这种现象目前仍然存在，而且短时间内，我们也很难让人们完全克服对不同种族和性别存在歧视的心理。可问题是，我们不能任由这种现象继续下去，更不能让它影响到"本福尔德号"的日常作业。相信每个人都知道应该平等对待别人，可在很多情况下，人们并没有做到言行一致。

即便我本人也不相信这世界上有真正的平等，可我必须申明，我们应该尽自己的最大努力来尽量平等地对待每个人。每个人都有自己强势和弱势的一面，没有人是真正完美的，包括指挥官在内。作为一名舰长，我会为他们强势的一面鼓掌欢呼，并帮助他们克服自己弱势的一面；可另一方面，我也希望他们能够真正平等地对待每个人。而且虽然我们每个人都希望做赢家，可赢的方式往往比结果更加重要。如果每个人都能够把自己的经验与其他人分享的话，就可以帮助大家共同进步，最终使"本福尔德号"成为一艘伟大的军舰。在跟水兵们私下交谈的时候，我曾经问过他们是否看到船上存在性骚扰或种族歧视的现象。一旦发生这种事情，我会立即采取行动。事实上，如果不准备采取实际行动的话，我可能根本不会进行调查——因为那样只会使事情更糟。

美国海军当中的一个主要问题就是，大部分军官都是白人男性，而士兵当中则有很多黑人、拉美人、亚洲人和其他少数民族以及女性。对于"本福尔德号"来说，情况也是如此。事实上，我相信，美国的大多数组织都正面临着这个问题。幸运的是，目前很多组织都已经意识到了这个问题，并开始逐渐在自己的管理层中增加少数民族和女性的比例，力争使其与公司人员总体当中的少数民族和女性比例相符合。

实际上，这已经成为当今大多数企业中的一种共识。人们需要相信，在公司的管理层当中，有人会代表自己，帮助自己争取正当的权益。更为重要的是，人们需要一些和自己背景相似的人作为榜样，就像威廉·佩里对我的作用一样。而在选择这些榜样的过程当中，性别和种族就是一个非常重要的考虑因素。可问题是，在今天的美国海军当中，军官阶层中的绝大多数都是白人男性。正因如此，许多舰艇始终无法突破自己发展的瓶颈，无法取得更好的成绩。非常幸运的是，在进行随机人事配置的时候，海军人事局为我配置的军官在一定程度上反映了"本福尔德号"的种族和性别结构。效果是非常明显的,很多水兵看到那些和自己相似的人成为了军官,他们也开始对自己的前途充满信心。

逐渐地,他们开始接受我的观点,尤其是当他们看到我能够做到言行一致的时候。就这样,我们有了一个好的开始。在接下来的日子里,我不断巡视整个舰艇,和水兵们交谈,鼓励他们更好地表达自己。我鼓励大家能够公开表达自己的不满和怨恨,而且我相信,只有这样,我们才能够把这些不满和怨恨导致的负面影响降低到最小。

这些谈话取得了非常明显的效果,越来越多的人开始相信,肤色和性别不会成为妨碍自己走向成功的负面因素。通过和水兵们一起野餐,每周跟他们一起在食堂里共进一次午餐,邀请那些来访的重要人物和水兵们进行交流,我开始让水兵们相信,"我们都在同一条船上,每个人都是'本福尔德号'不可或缺的一分子。"

对于我来说,有些训练项目只会增强人们种族和性别差异的意识。而我们的统一训练则集中于我们的共同目标和共同利益,让大家学会互相尊重,携手并进。在实现这个目标的过程当中,我们自然要奖励好的行为,惩罚那些不良的行为。而作为奖励,每个人都会从"本福尔德号"所取得的成绩中受益，他们将成为真正的主人。

我的这些努力终于得到了回报。根据调查，在我离开"本福尔德号"的时候，只有3%的少数民族认为船上仍然存在某种形式的种族歧视现象，而认为船上存在性骚扰现象的人数也同样只有3%。当然，6%仍然是个非常高的比例，可跟历史记录相比，我们已经取得了非常了不起的成绩。

就这样，"本福尔德号"成了一艘更加开明的军舰。需要指出的是，我并没有对水兵们进行长篇大论的说教，我只是让他们感到了这样做所能够带来的切实的利益。他们之所以会发生这样的改变，是因为，在内心深处，每个人都希望得到关心，得到平等的对待。对大多数人来说，在我到来之前，他们从来没有听到过这样的声音，甚至从来没有过这样的"奢望"。在我看来，领导者的一个非常重要的工作就是代表下属的利益，说出他们每个人都想说却又不敢说的话。

严格而公平地惩罚犯事者

接管"本福尔德号"之后三个月，就在我开始发起消除种族和性别歧视现象的行动之前，我处理了一起违规事故，这件事对随后的团队作业训练起到了至关重要的作用。当时我们正在巴林岛，船上发生了一起非常严重的种族歧视事件。

在参加了当地海军基地的一次晚会之后，一些水兵乘坐一辆海军巴士返回军舰。两位黑人水兵大声地唱着带有"黑鬼"之类字眼的说唱。同行的两位白人水兵冲他们叫了起来，让他们闭嘴，因为他们的歌声影响了车上的其他人。可他们还是接着唱了下去。下了巴士之后，两边开始互相大骂，其中一个白人水兵骂了一句"黑鬼"。双方立刻动起手来，其中一个人还大声威胁要杀死对方。加入纠纷的人越来越多，最后一共有13个人被牵涉进来，那两位黑人和其中一位白人被殴打。

我决定严肃处理这件事情。我知道，整个舰艇的人都在关注着我，所以在处理这件事情的过程当中，我必须尽量保持绝对公正。要知道，作为一名正在处理危机事件的领导者，我的一举一动都将被看成是一种信号，会在顷刻之间传遍整个"本福尔德号"。而且我也知道，我的行为将至少在今后几个月的时间里影响到水兵们的行为，以及整个"本福尔德号"的组织文化。

作为舰长，我的决定在很大程度上可以说就是最终的判决。当海军人员违反了一项重要的规章制度时，他的行为实际上就是违反了军事司法统一法规（相当于海军部队的刑事法规）。被告的行为将被记录在案，并被移送到舰长那里，然后将由舰长充当法官、陪审团和执行者的角色，举行一次听证会，并对被告进行相应的惩罚。

在这个过程当中，舰长要进行取证，然后进行交叉审讯和最后的判决工作。至于惩罚，根据海军部的规定，舰长的权限包括降低被告的军阶、在两个月内扣发被告半额津贴、将其移交到更高一级的军事法庭、禁闭三天（期间的饮食仅限于水和面包），乃至将被告开除出海军部队等。

就其本身而言，舰长的这些权限是可以理解的。因为作为一名舰长，他们有时必须采取必要的强制手段来处罚那些违反规定的水兵。而且当水兵们在茫茫大海上航行的时候，他们也确实需要一些手段强硬的领导者来规范整个舰艇的秩序。

当然，问题在于舰长能否善用自己的权限，以及能否做出公正的判决，真正赢得水兵们的尊敬和信任。在这个过程中，最好的舰长往往都是那些能够做到公平与效率兼顾的，而要做到这一点，就一定要有丰富的实际处理经验。

在处理这起违规事件的过程中,我发现这两位黑人水兵以前都曾经有过违规纪录。而根据美国海军的惯例,连续违反规定的水兵完全可以被立即开除海军军籍。可这次,我决定首先向谢勒军士长征求意见,让他提供一些相关信息,帮助我更好地了解为什么这两位水兵会有这样的举动。

在这个过程当中,我了解到,这两位黑人水兵全都来自内陆城市底特律。其中一位水兵的父亲正在坐牢,而另一位则从来都没有见过自己的父亲,而且他们两位的母亲目前都在靠社会救济金生活。当然,这并不会对我最终的判决造成任何影响,可它确实给了我一次机会。它使我想起了自己在宾夕法尼亚度过的童年时代,以及关心我、爱护我的父母。很显然,这两位年轻人无法从自己的生活中找到可以学习的榜样,我决定给他们一次机会。

到目前为止,我发现所有涉及这件案子的人都在撒谎。白人水兵不愿意承认自己说了"黑鬼"这种说法,而黑人水兵也不愿意承认自己在唱歌的时候曾经用过这两个字。我必须想办法逼他们说出真相。

听证会的会场非常小,只能勉强容纳60名证人。等所有的人到齐之后,我关掉了空调,然后开始提问。

渐渐地，房间里开始变热，越来越热。三个小时之后，一位水兵开始崩溃，他告诉了我真相。就这样，最终所有的人都说出了真话。

我把头转向两位黑人水兵，问他们是否愿意继续留在海军部队。

"是的，当然！"他们回答道。

"那好，"我说道，"我可以为你们破一次例，但你们必须保证，以后不再犯同样的错误，否则我会让你们立刻离开。"那位白人水兵是个小阿飞，当听到我这样称呼他的时候，房间里所有的人都感到震惊。他是整个事件的导火线，我想让全船的人都知道，我对此非常清楚。在听取所有的供词之后，我对这三位水兵做出了仅次于开除海军军籍的最严厉的处罚：45天内不许离开舰艇，两个月内扣发半数津贴，并增加45天的值勤任务。

整个审判过程让人筋疲力尽。我以前从来没有遇到过这样的事情，但是我确实知道，我对这件事情的判决将对我的职业生涯产生难以估量的影响。当我回到自己的船舱时，我才发觉自己已经浑身湿透了。我感到自己就像刚刚带领军队突破了一片极其凶险的雷区。即便如此，水兵当中还是有很多人认为我对黑人存在一定的歧视。可出乎意料的是，在接下来的27个月里，没有任何一位年轻黑人男性参与到类似的冲突中，这表明船上的种族对抗事件大大减少。想想整个处理过程，难道我对黑人的违规行为不闻不问吗？显然不是。事实上，通过对这件事情的处理，我为所有的人都上了一课。

为什么我们的种族对抗事件会大大减少呢？原因就在于我们在船上提倡了一种真正平等的组织文化和团队感。那些年轻的黑人水兵比我在"本福尔德号"上待的时间更长，可直到我到来之后，他们才感到自己受到了真正平等的对待。而在整个过程中，我所做的，就是为他们树立一个良好的榜样。

见到了军士长谢勒之后，我对他说："我刚刚处理完那三个家伙，现在轮到你去帮助他们重新建立自信心了。希望你能让他们获得新生。"

谢勒把他们叫到自己的办公室，对他们说："知道吗？舰长已经对你们彻底失去了信心。如果你们愿意继续这样下去的话，那很容易。或者你们也可以重新选择自己的生活，但首先，你们必须这样做……"在以后的一段时间里，谢勒几乎每天都会和这两位黑人水兵见面，而上士约翰·拉法尔克和士官长贾尼斯·哈里斯则负责督导那位白人水兵。他们在这三位水兵身上投入了大量的时间和精力，为他们树立新的榜样，帮助他们每天取得进步。一段时间之后，他们的努力终于结出了累累硕果，那些本来可能会惹麻烦的水兵也都从这件事情上得到了教训。

在海上航行期间，一天晚上，我看到了军士长谢勒督导的那两位水兵，于是我就让谢勒邀请他们晚饭后在食堂进行一场比赛。很自然地，他们接受了。可以想象，当其他水兵看到我们四个在食堂的餐桌上玩桥牌的时候，他们会有多么惊讶。对这两位年轻人来说，这无疑是一种莫大的荣耀。而通过这种方式，我们也表明了对他们的宽容和接受。作为一名舰长，我也非常愿意向这些年轻人表示支持。从那以后，这两位水兵发生了彻底的转变，他们开始成为水兵当中的名人。两个人后来都做出了出色的成绩，并且得到了提升。试想一下，如果我当初把他们直接踢出海军部队的话，他们现在或许已经被关进了某所监狱。一年之后，那位白人水兵也向我提出了延长服役的申请。记得接到他的申请之后，我曾经问他一年前，当我称呼他为"阿飞"的时候，他是否想到过要继续留在海军部队。"绝不！"他回答道。可到了提出申请的时候，他已经成长为一名优秀的年轻人了。

这次经历教会了我两个宝贵的教训，而且我希望全体水兵都能从中体会到。首先,在对任何人做出任何判断之前,我们都要事先了解一下他们的背景和家庭情况。并非所有的人都有相同的背景,但如果你能给他们一次机会和一些指导的话,大多数暂时落后的人都会很快赶上来;第二个教训就是,要尽量帮助那些犯过错误的人改过自新,而不是像我们的社会那样,轻易地对一个人失去信心,甚至是完全放弃。在我看来,我们与其投入那么多金钱和精力去建造监狱,倒不如把这些时间和精力用来帮助那些犯过错误的人。

我相信,任何人都会犯错误,在我看来,所谓的"零缺点"完全是在当今很多组织当中蔓延的一种不正常心态。我只希望那些在"本福尔德号"上犯过错误的人能够牢记两点:首先,他们会得到适当的惩罚;其次,我们会给他们改过的机会。

对女性不利的因素会危害整个团队

美国海军一直在试图改变对待女性和黑人的态度。比如说,"本福尔德号"就是美国海军第一批在设计时就考虑到女性水兵的舰艇之一。可那些强调性别差异的训练项目本身就是在传达一个错误的信号:女性水兵虽然重要,但她们的权益不会受到充分的重视。在这个问题上，美国海军所进行的改革很不彻底。

在与其他舰艇竞争的过程中，一艘名叫"斯特德姆号"的舰艇对我们存在着极为强烈的不满，因为虽然他们的表现非常优秀，可"本福尔德号"总是比他们表现得更好。虽然我们两艘舰艇表面上看起来非常相像，可无论从士气还是从所取得的成就上来说，我们之间的差别都是非常明显的。需要说明的是，"斯特德姆号"上的水兵全部是男性，所以他们的一些水兵总是轻蔑地称我们的舰艇为"女人船"。虽然他们的表现不如我们，可"斯特德姆号"总是希望能够在某个方面超过我们，可在我们看来，有一点他们永远也比不过"本福尔德号"：我们的水兵既有男性，又有女性。

1997年抵达海湾地区的时候，我们遇到了同样的反应。参谋长联席会议命令航空母舰"乔治·华盛顿号"与"尼米兹号"协同作业。同行的还有两艘护卫舰"诺曼底号"和"卡尔尼号"。

"卡尔尼号"的舰长曾经在"希洛号"上担任过执行指挥官，是一个非常出色的家伙。我们之间的关系非常微妙，既存在竞争，又相互尊重。他有点凸眼，是一个非常喜欢海上生活的家伙，肚子里藏着一大箩的海上故事。在日常生活中，他总是非常自豪地称呼自己的水兵为"卡尔尼号的小伙子们"——因为这艘舰艇上的水兵全部都是男性。

法戈中将命令"本福尔德号"提交一份报告，要求我们详细介绍一下我们是如何达到发射战斧式巡航导弹的要求的。这是一件非常光荣的事情，我们也很愿意做，可问题是，它会让"卡尔尼号"的舰长非常恼火，因为在他们看来，被一艘拥有女性水兵的舰艇超过是一件难以容忍的事情。

我曾经深入考虑过女性在海军部队中扮演的角色，因为这一直是困扰美国军方的一个主要问题，事实上，美国军方从来都没有彻底解决过男女士兵的协作问题。可从我当上舰长的那一天开始，我就下定决心："本福尔德号"将对女性水兵予以足够的尊重。在我看来，一艘舰艇就和一个办公室或一家工厂一样，它在本质上也就是一个工作场所，也同样无法容忍性骚扰现象的存在。

显然，有些工作是不适合女性的，但这样的工作毕竟为数不多——而且，说实话，就连很多男性也无法完成这些工作。比如说，当美国军舰"科尔号"遭到恐怖分子袭击，船身被炸出一个大洞的时候，它几乎要沉入海底。在当时的情况下，要想避免彻底沉没，一个必要的条件就是用很多木棒固定住水平面以下的船体。这些木棒极其笨重，而且要想把它们固定在适当的部位，水兵们必须在齐腰的海水中作业。这要求作业者必须具有极强的体力，即便是男性水兵，也不一定能够完成这个任务。可如果大家能够齐心协力，每个人都贡献一份力量的话，"科尔号"就可以免于沉没的厄运。显然，在这种情况下，性别上的差异并没有太大的意义，而且根据我的了解，在这个过程当中，女兵所贡献的力量可能丝毫不亚于男兵。

我并不是要把"本福尔德号"变成一个社会学实验室。我的目标是提高整个舰艇的战斗力。一直以来，困扰美国海军的一个主要问题就是人手不足，在这种情况下，将女性排除出海军部队无疑是一种非常愚蠢的做法。根据海军部的统计，美国现有海军人数只有实际所需人数的80%，而在新招募的水兵人员当中，有近1/4是女性。可以毫不夸张地说，如果不能接受女性的话，我们根本无法让这些舰艇扬帆出海。

在结束了与"卡尔尼号"的竞争之后，我们于1998年1月下旬离开海湾地区，前往澳大利亚的墨尔本港口。这座港口的一个特点就是，它总是有很多卫兵在时刻警惕地守卫着港口。一天夜里，在我从城里返回船上的路上，一位卫兵叫住了我："你的水兵们怎么啦？"

由于一时没有听明白，我说道："对不起，你说什么？"然后他告诉我，他从来没有见过这么规矩的水兵。因为在往常，他所遇到的那些水兵一到港口就会喝得酩酊大醉，到处惹是生非。听到这之后，我对他表示感谢，内心也感到非常自豪。

当然，他说得不错，而在我看来，出现这种情况部分是因为我们船上的那些女性水兵。虽然美国军方的很多部门都存在严重的性别歧视问题，可我们并不担心这一点，原因非常简单：我们尊重每个人，而且希望别人也能够尊重我们。毫无疑问，互相尊重是一个非常简单的原则，可它确实在很大程度上规范了水兵们的行为。由于接受了女性的平等地位，男性水兵就会产生一种不甘示弱的心理，在这种情况下，不仅他们的表现会大大改进，而且他们还会被迫快速地成熟起来。

巴林岛的海军基地司令官——也是中东地区第一个女性司令官，曾经对"本福尔德号"所号称的"真正的男女平等"表示怀疑，为此，她还亲自来到了船上进行视察。视察的结果是："本福尔德号"上的男女水兵在各个方面都受到了平等对待。在我们的舰艇上，女性最高已经做到了中尉的级别，而且她们的工作非常出色。不仅如此，"本福尔德号"也不存在媒体上报道的所谓

"兄弟会"现象。这位基地司令官跟很多女性水兵进行了交谈,结果她得到的回答都是相同的:她们都非常喜欢"本福尔德号"上的生活。

在漫长的海军职业生涯当中,我曾经遇到过许多非常出色的军官,我的领航员珍妮弗·埃林杰中尉就是其中最出色的一位。当"盖里号"和"希尔号"外出执行任务的时候,"本福尔德号"就成了舰队当中级别最低的舰艇。在一般情况下,舰队的航道将会由那些级别比较高的舰艇来确定,可由于它们的水兵在能力上不如我们,所以珍妮弗就成了整个舰队的领航员。她干得漂亮极了。事实上,在我所见过的军官垒球队的所有成员当中,她是当之无愧的最优秀的守垒员,每当我有什么需要的时候,她总是能及时提供必要的帮助。可不幸的是,相比之下,大多数男性队员反而不像她那样值得信赖。让人沮丧的是,我所在的军官垒球队中的很多男军官的水平都很一般,所以他们经常是一等士官生球队的手下败将。可以说,这是我在担任"本福尔德号"舰长的两年内最遗憾的事情之一。而且我敢肯定,珍妮弗也一定深有同感,因为事实上,她和我一样喜欢争强好胜。

在商业社会中,即便存在很多微妙的性骚扰和性歧视行为,女性还是可以取得平等的。原因非常简单:男士们总是不屑于跟女性竞争。可从总的社会氛围来看,目前我们的社会当中有一种非常不好的文化倾向:很多流行歌手似乎都在提倡对女性施行暴力。相比之下,我认为"本福尔德号"发生的故事值得每个人借鉴。

在我担任舰长的两年当中,我感觉,女性同事可以带来一些非常明显的好处。下士古西·琼斯的故事就是一个非常好的例子。

古西之所以能够成为"本福尔德号"上的明星,原因就在于我们大力推行的一个项目:给予新入伍人员更多的责任,让他们在舰艇靠岸的时候负责后甲板的管理。这项工作主要包括甲板安全、来访人员登记以及对往来物品的管理和记录。这是一项非常重要的工作,因为每一位登上"本福尔德号"的人对我们的第一感觉往往就来自于后甲板的管理状况。而且根据海军的惯例,"忙中出错"是绝对无法容忍的。因此,在白天的时候,我们通常会选派经验丰富的军官或者上士来负责这项工作。可为了给予年轻人更多的机会来承担更多的责任,我决定把那些经验丰富的军官调到其他岗位。就这样,"本福尔德号"开始从上士或中士当中选拔后甲板管理人员。

当然,刚开始的时候,他们会不可避免地犯一些错误，而我们也会很和气地帮他们纠正过来，可一段时间之后，我们取得了巨大的成功，其他的舰艇也开始纷纷仿效我们的做法。在这种情况下，我们开始再向前迈一步，决定从下士当中进行选拔。

就这样，年仅 22 岁的古西·琼斯出场了。

在通过了资格测试之后，她被安排到夜间值班——这是一天当中最安静的时候。"这样你根本做不了什么事。"我对她说。于是我就把她的值班时间调整到早晨 7 点到中午 12 点之间，这是一天当中最繁忙的一段时间。我的目的非常简单：我要让整个"本福尔德号"的人都知道我们有一位下士在负责后甲板的管理。

在古西第一天值班的时候，我的新领导——准将吉姆·斯塔夫里迪斯出人意料地来到了我们这里。古西马上通过公共广播系统通报了他的到访。根据海军部队的规矩，当有高级军官到访或者要离开的时候，值班人员应该根据来访者的头衔，而不是名字，来称呼他。不仅如此，在宣布完来访者的头衔之后，值班人员还要根据来访者的级别响铃致敬。一般情况下，三星和四星的礼遇是八次铃声，一星和二星的礼遇是六次铃声，而准将则是四次铃声。可能是过于紧张吧，看到准将吉姆·斯塔夫里迪斯之后，古西接连响了六次铃声，并宣布道：

"驱逐舰中队二十一……来访。"

当时我正在自己的船舱里，听到通报之后，我明白古西犯了一个错误。同时，我也知道，我的上司已经登上了我的甲板。于是我马上跑到后甲板上，在大家都还没有开始讲话之前，我一手抓住准将的胳膊，一手握着他的手，笑着对他说道："不好意思，我们提前宣布了你的升迁。"听到这个之后，准将马上也跟着露出了笑容。就这样，虽然古西感到非常尴尬，但她并没有感到自己受到了侮辱。而且最为重要的是，通过这件事情，我还教会了其他人应该如何对待下属的过失（顺便说一句，这位准将一年之后真的成为了一名海军少将）。

古西第二次值班是在五天以后。那天圣迭戈非常阴冷，下着小雨，刮着大风。当时码头另一边的一艘舰艇正准备出海。根据海军的规矩，当一艘舰艇出海的时候，它旁边的舰艇上的水兵通常要帮助这艘舰艇解开缆绳，"本福尔德号"上的几位水兵就承担了这项工作。

可这艘即将离开港口的舰艇上的军官们事先并没有做好充分的准备，结果他们让我的水兵们在雨里足足等了45分钟——而与此同时，他们的军官们反倒躲在温暖的船舱里休息。不仅如此，更让人难以忍受的是，在等待了45分钟之后，我的水兵们得知，由于这艘舰艇出现了一些机械故障，所以他们还要再等一段时间。在这种情况下，古西把我们的值班指挥官 K.C. 马歇尔中尉叫到了后甲板上。当马歇尔中尉到了后甲板之后，古西告诉他，我们的水兵已经在大雨中等了将近一个小时。

"为什么不把他们叫回来呢？至少可以让他们避避雨！"

"当然可以！"马歇尔中尉说道，然后他又让人给这些水兵送来了一些咖啡和巧克力热奶。

想一想，为什么年仅 22 岁的古西·琼斯会在第二次值班的时候就做出这种决定呢？

第11章
提高生活质量

我经常感觉美国的公司和部队一样，迟早会陷入崩溃的境地。从某种意义上来说，我们已经沦为工作的奴隶，即便在休假的时候，我们也会带着寻呼机、移动电话或者是笔记本电脑，我们随时都可以开展工作。当然，如果保持适度的话，这种做法也无可非议，否则的话，这种做法就会逐渐抽干人们对生活的热情，最终很可能会使人陷入一种崩溃的境地。试想一下，如果你每周工作七八十个小时，而且从来不会让自己休息一下，换换大脑的话，你的精神世界就将逐渐变得干涸，很快你就会失去对生活的热情。当生活的压力稍微加大一些的时候，虽然你的身体依然能够支撑，但你的精神很可能已经彻底麻木了。

据说很久很久以前，海神的一位将军就禁止水兵们在海上航行的时候享有任何闲暇和娱乐。美国海军的上将们将这一点奉为真理。他们从来没有想到过要采取任何方式来改善水兵们的生活。可我却决心要改变这一点。在跟水兵们交流的时候，我不仅会就如何提高作业水平征求他们的意见，我还会问他们怎样才能在工作中得到更多乐趣。他们的回答让我大吃一惊。

朋友似的融洽能造就一艘快乐的船

一位水兵跟我说，如果我们能够在船上装一套立体声系统的话，那大家就可以每周在甲板上聚上一次，可以一边听着爵士乐，一边看日落。我们马上买了一套。从此以后，每个星期四日落的时候，就会有一大群人——有男性，也有女性，其中包括刚刚入伍的新兵，还有一些资深的军官，聚集到甲板上看日落。一段时间之后，我发现大家之间的凝聚力得到了大大增强。

还有一位水兵建议我能够允许大家在边听爵士乐，边看日落的时候抽上一根烟。于是我们买了一个雪茄盒，在里面放了很多上等的雪茄。就这样，每到星期四的傍晚以后，大家就可以度过一个伴有爵士乐和雪茄的晚上。

还有一位水兵建议我们应该在每个星期五的晚上举行一个小时的狂欢。这也是一个好主意。需要声明的是，虽然我愿意为了改善水兵们的生活而打破很多条框，可我绝对不允许他们在船上喝酒。可问题是，对于很多水兵来说，如果不能饮酒的话，他们就丝毫感受不到任何的狂欢气氛。在这种情况下，我决定不采纳这位水兵的"每周五狂欢"的建议。可尽管如此，我们还是会每隔一周举行一次周五狂欢，我们会在食堂里享受一顿丰盛的晚宴。我们还买了一部卡拉 OK 机。在改善水兵们生活质量的问题上，我给自己定下了两条规定：第一，这也是所有的水兵们都一致赞同的一点，就是舰长不能唱歌，甚至连尝试一下都不行；第二，这也可以说是我的一个弱点，不能有人在船上唱乡村歌曲。我实在无法忍受乡村歌曲，即便戴着耳机听都不愿意，更别提有人在我的舰艇上用卡拉 OK 大声唱出来了。值得欣慰的是，大家都接受了我的这个要求。从那以后，我经常可以看到水兵们围在一起，一边唱着卡拉 OK，一边大声笑着，尤其让我高兴的是，他们再也不会一肚子牢骚了。

我们努力让所有的工作都充满欢乐，尤其是那些单调、重复的工作，比如说往船上运送食物。除了在圣迭戈我们可以用厄弗·雷夫金的传送带之外，一般都用手工的方式来完成转运食物的作业，这是一项相当繁重而又单调的工作。一段时间之后，我们发现，音乐可以让人的工作变得更轻松，于是我们就把音响系统搬到甲板上，在大家干活的时候播放音乐。情景立刻就不同了，每个人都又唱又跳，负责指挥工作的军官们也忍不住跟着调子哼了起来，大家开心极了。音乐似乎能够使那些即使最无聊的工作也变得有趣起来——美国海军似乎从来没有注意到这一点。

还有一个水兵提出了一条新的建议:"为什么不拿一张床单挂在后舱壁上呢,这样我们就可以在星空下看电影了?"我觉得这个建议好极了。虽然我们几乎在所有的工作场所里都装了电视和录像机,可如果在后舱壁上看电影的话,大家又可以得到不同的感受,就像在电影院里那样。从增强全体水兵的凝聚力这个角度来说,这的确是个很好的建议。

从此以后,我们就把每个星期六的晚上定为"电影之夜"。当时我们正在海湾地区作业,位于伊拉克以南30英里,每次电影之夜,我们都会播放两部电影,第一部通常是喜剧片,第二部是动作片。在看电影的时候,我们还会提供300包爆米花,还有一些苏打水。观众们则会搬来自己的沙滩长椅,并拿来自己的毯子和枕头,然后他们就可以顶着满天星空看电影了。每到这个时候,如果有其他舰艇经过我们附近的话,他们就会靠近我们,熄灭灯,这样他们就可以跟我们一起看电影了。

在我看来,这种做法的主要意义在于,它可以增强组织的凝聚力,而且它的作用是任何的股票期权和奖金都无法比拟的。

"开心"是一个很重要的概念,你可以把它应用到任何工作场所当中。就在不久以前，我曾经向一家声名显赫的银行提出了这个概念，听完以后，这家银行的经理们都愕然地看着我，他们说道："我们这里可不是给员工找开心的！这可不符合我们的组织文化！"可其中一位经理突然说道，"为什么我们不能每个月让大家开心一次呢？"于是其他人也渐渐开始做出让步。现在，这家银行每个月都会聚会一次，大家坐在一起看看一些经典的电视节目，比如说《我爱露西》、《盖里甘的岛》等。在平常的日子里，大家很难有这样的机会进行交流，可当大家终于有机会坐到一起的时候，每个人都感到很开心。

最重要的是：好的食物

在我接管"本福尔德号"的时候，我的父母曾经专门为了参加我的接管仪式来到圣迭戈，在仪式结束之后，我请他们一起进行了长达六个小时的巡航。这是他们第一次乘坐一艘舰艇出海巡航，而且是在我指挥的船上，对他们来说，这无疑是一次非常有意义的经历。

可不幸的是，当我跟他们一起来到食堂的时候，我们发现当天供应的食物是鸡块，味道差极了。当时我的第一个反应就是，如果军官们的食物是这个水平的话，那水兵们的还不知道会怎样呢？

对一艘舰艇来说，食物是非常重要的。因为虽然海上航行会有很多乐趣，但总的来说，海军的生活还是非常单调的，它最主要的工作都是一些常规性的训练和保养。在这种情况下，食物的作用已经不单单是维持生命这么简单了，它实际上是一种供水兵们相互交流、放松身心的机会，而这个过程对于提高全体水兵的士气是非常重要的。

每个舰艇都会有一个菜单评估委员会。每个月，该委员会都会召开一次会议，船上的每个部门（"本福尔德号"上一共有24个部门）都会选派一名代表参加这次会议，并就菜单的结构提出自己的意见和建议。海军舰艇上通常要召开很多会议，有时甚至让人感觉会议的次数比船上的人数还要多，在这种情况下，各个部门的负责人往往不愿意选派本部门最优秀的人来参加会议。事实上，这种毫无意义的会议之所以还能够维持下去，一个最主要的原因就是要应付领导的视察。考虑到这种情况，我决定，在不下任何通知的情况下，参加下一次会议。

在大多数舰艇上，舰长的行动往往会受到全体水兵的高度关注，所以我即将参加下一次菜单评估委员会会议的消息很快传遍了整个舰艇。震惊之下，两位本来不准备参加这次会议的负责伙食的军官决定出席——于是大家进行了一场非常激烈的讨论。我在一旁静静地听着，讨论结束之后，我对大家说道："我必须告诉你们，船上的食物简直让人难以下咽。问题到底出在哪里？"

所有的人都不禁为我的坦率感到震惊。但我的初衷并不是要责备或惩罚任何人，我只是想知道为什么船上的食物会这么差。菜单评估委员会通常由负责水兵食堂的上士主持。在这个时候，这位上士主动指出，船上的厨师并没有严格按照菜单卡的要求进行作业。于是我马上召集所有的厨师集合，让他们知道自己在鼓舞整个舰艇士气中的重要性。我告诫他们一定要严格按照菜单要求进行作业，而且我希望他们能够接受我的建议，对我的工作提供支持。而作为回报，我也会对他们以及船上的每个人的工作提供支持。

当我开始对水兵们表示支持的时候，他们的工作也出现了改进，而我自己的信心也因此开始上升。为了表示对厨师们的支持，我每隔一天就会跟他们一起在走廊上聊一会儿天，告诉他们我是多么感谢他们。就这样，船上的食物质量开始渐渐提高。

可另一方面，由于原料的品种和质量的限制，单单靠厨师的努力也不能从根本上解决问题。于是我决定把我的"厨房运动"再往前推进一步。

很长时间以来，海军舰艇一直被要求按照招标的方式采购食品，不仅如此，我们还必须从报价最低的商家那里购买。这项政策的初衷是为了防止腐败，可实际上，它却成了食品质量下降的罪魁祸首——当然，如果你确实喜欢那些被装在铝罐子里的花生酱和被水兵们称作"神秘肉"的脂肪多且没味道的牛肉的话，那我们的食物质量倒也可以忍受。

当我还在五角大楼工作的时候，我的上司——前国防部长威廉·佩里曾经强力要求国会通过《联邦采购改革条例》(Federal Acquisition Reform Act)，根据该条例，部队将可以根据政府标准自行采购。这项条例将允许有关部门在公开市场上按照士兵们自己的需要进行采购。比如说，如果我想要 Skippy 花生酱的话，我就可以买这个牌子的花生酱；如果我想要好一些的牛排的话，我也可以买到最好的牛排。我叮嘱负责采购的军官，在采购的时候一定要彻底忘掉"便宜"这个词，而把重点放在"质量"上面。"如果水兵们喜欢 Skippy 花生酱，那就买 Skippy 花生酱。而且一定要问清楚他们喜欢什么类型的。"不仅如此，我还通过这种方式省了一些钱，然后我用这些钱送六名厨师参加培训。渐渐地,"本福尔德号"成了海军部队中著名的"美食舰艇"。在感恩节的时候,我们的伙食跟我在家里吃的一样可口(请原谅我这么说,妈妈)。

在接管"本福尔德号"的时候,我为自己订下了三项工作重点:更好的食品,更好的训练,更多的升职。虽然把食品列为最重要的工作可能有些可笑,但事实是,美味的食品的确能提高全体水兵的士气,而且引领了整个舰艇的改革。

真正做到为下属着想

1997年8月下旬,我们从夏威夷出发前往海湾地区,途中分别在新加坡和泰国停留了一下。除此之外,我们在海上针对如何使用战斧式巡航导弹进行了30天的密集训练。战斧式导弹的飞行速度可达每小时1000多英里,而且误差通常不超过一英尺,是美国海军最优秀的攻击武器。因此,我希望能够培养一支美国海军当中最优秀的发射团队。

我们的训练终于带来了累累硕果。"本福尔德号"成了三艘舰艇(包括"希尔号"和"盖里号")当中唯一有能力发射战斧式导弹的舰艇(其他两艘根本不具备发射战斧式导弹的能力)。随着我们越来越逼近海湾地区，萨达姆的气焰也日益嚣张起来。我们接到命令，"加速前进"。与此同时，我们以最快的速度做好了发射战斧式导弹的准备。

美国海军并没有为水兵们准备朗姆酒，可它通过其他方式奖励了那些身处险境的水兵们。就当时的情况来说，海湾地区就是一个危险的地方。而对于水兵们而言，哪怕只是在海湾地区待一天，他们整个月的津贴都可以免税。

根据上级的命令，我们只要在1997年10月3日之前到达巴林地区就可以了，可幸运的是，他们并没有规定我们具体的路线。如果按照每小时18海里的速度航行的话，我们很容易就可以在规定日期之前抵达目的地。然而，我想，如果能够把速度提高到每小时24海里的话，我们就可以在9月30日晚上11点59分之前到达海湾，这样的话，我们就可以在9月份结束之前进入免税区，对于"本福尔德号"的水兵们来说，他们就可以节省350美元的税金。当然，上级并没有要求我们提前到达，可事实上，只要将速度提高5海里，我们就可以为每位水兵节省一笔数额不小的税金。

正如我们后来所知道的，就在当年的10月1号，伊拉克爆发了一场新的危机,知道我们已经到达海湾的消息之后,法戈中将命令我们立即前往海湾北部地区进行支援——从来没人想到过我们为什么会提前两天到达。

现在我们可以这么说:是萨达姆帮了我们一个大忙。由于他在海湾地区制造了一场新的混乱,我们才得以立下新的功劳,我的水兵们也因此得以免交 9 月份的税金——当然,我们还得到了额外的奖励。

当形势非常严峻的时候,一定要保持心态轻松

1997 年 11 月上旬,我们差点发射了一枚战斧导弹。当时形势非常紧张。联合国秘书长科菲·安南正在中东地区斡旋,而与此同时,萨达姆却威胁说要把联合国武器核查员驱逐出境。而我们则在海湾地区静静地等候命令,蓄势待发。各大媒体纷纷报道,好像一场战争已经不可避免。

当时的海湾地区金秋送爽,气候宜人。一个星期天的下午——温度计显示,当时的温度是约 27℃,我决定让水兵们放松一下心情。"本福尔德号"配备了两艘带有舷外发动机的小型黄道汽艇,于是我们就举行了一场小型的汽艇比赛。船上的五个部门各组成一个小组,鸣笛为号,赛程就是围绕"本福尔德号"一周。黄道汽

艇是一种速度很高的小艇，它时速可达每小时 40 英里。为了让这场比赛更加热闹，我们还在飞行甲板上同时举行野餐。大家的兴致都很高，而其中最为高兴的就是我们的牧师格伦·伍兹中尉。

当时来自"尼米兹号"的格伦·伍兹中尉正在我们船上访问。他深深地为我们与"尼米兹号"之间的不同感到震撼——鉴于水兵们普遍存在各种各样的心理问题，"尼米兹号"采取的做法是聘请几位专职的牧师和心理治疗人员。不仅如此，他们还经常访问其他舰艇，看看这些舰艇是否也需要心理帮助。我们在"本福尔德号"上为伍兹专门准备了一间办公室，如果有水兵心灵上感到苦闷，我就会建议他去见伍兹中尉。可在"本福尔德号"上待了一段时间之后，他告诉我，到他办公室来见他的人，都是那些问他是否需要帮助的人。

举行汽艇比赛的那天下午，伍兹中尉兴奋极了。我们把他安排到一艘汽艇里参加比赛，等到比赛结束的时候，他简直不想离开汽艇。他告诉我们，加入海军部队这么长时间，他还从来没有这么高兴过。看他兴致那么高，我担心他回去以后会把这件事情告诉达菲准将，因为从程序上来说，在把汽艇放到水里之前，我们通常必须事先征得达菲的同意。虽然我已经向他报告说"本福尔德号"的一侧需要进行维护，可我从来没提汽艇比赛的事。

结果正像我预料的那样，伍兹中尉最终还是忍不住把这件事情告诉了"尼米兹号"上的其他人，很快，"尼米兹号"的所有人都知道"本福尔德号"曾经举办过一场汽艇比赛。每个人都很羡慕我们的生活，他们甚至表示，如果有机会靠近"本福尔德号"五英里的话，他们当中有一半人都会跳下水，游过来，申请成为我们的水兵。

达菲准将从来没有向人提起过这件事情。

让水兵为自己的舰艇而自豪

我们的下一站是澳大利亚。

在我看来，海军部对于只允许"名人"访问舰艇的规定是非常不合理的。为什么不允许水兵们邀请自己的好朋友到船上参观呢？事实上，每到一个港口，我都会鼓励水兵们去上岸结交新的朋友。有的时候，当我看到水兵带着自己的朋友来到"本福尔德号"参观的时候，我还会马上走上前去，向他们解释整艘舰艇的运作情况。

我感觉水兵们好像结交了成千上万的新朋友，而且他们都非常想让这些新朋友来到船上参观，这让我感到惊讶。很显然，他们都为"本福尔德号"感到自豪。我常常想，如果公司也能让自己的员工为自己的工作场所感到自豪,并希望带自己的朋友前来参观的话,那该是一件多么美妙的事情啊!如果员工能够切实地感到"这就是我的公司",那几乎所有的劳动纠纷问题都会迎刃而解。我并不认为自己的这种想法很幼稚:既然"本福尔德号"能够做到这一点,为什么你的组织就不能呢?

就在我们准备离开墨尔本的时候,我走到码头上,检查我们的缆绳是否已经收好。突然,我看见一位年轻的女孩子不由自主地大哭起来。

"怎么啦?"我不禁充满疑惑地问道。

"这些水兵实在是太优秀了,一想到你们要离开,我就感到难过。尤其是威利,他在雷达室工作,能麻烦您帮我把这张纸条带给他吗?"

回到甲板之后,我通过公共广播系统宣布:"请注意,雷达室的威利请注意。刚才一位正在为你而伤心的女士让我给你带张纸条。请马上赶到我的办公室。"

很快,威利满脸通红地跑到了我的办公室,当他从我的手中接过那张纸条的时候,我几乎可以听到外面水兵们欢腾的声音。从那天开始,威利成了"本福尔德号"公认的英雄。或许我应该奖励他一枚勋章——不是紫色心形勋章,而是情人节十字勋章,最好上面再带上一层巧克力。

工作出色的秘诀：玩得开心

在掌握了海上加油的技术之后，我们决定要加大工作的难度——夜间海上加油。很快，我们开始了第一次尝试，结果棒极了。事情比我想象得容易得多，而且非常有趣。我看得出来，大家都很喜欢这种"游戏"，所以从那以后，我们所有的加油工作都是在夜间完成的。

很快，水兵们想起来一个新的主意：在夜间加油的时候，我们可以通过投影仪在船的后舱壁上播放音乐电视。听到这个主意之后，又有人加上了一些新的创意，就这样，我们最终决定，在夜间加油的时候，我们要举办一场音乐激光秀。具体安排是这样的，接近油轮的时候，我们会调低所有的灯光，同时大声播放奥林匹克主题曲（《告诉大家，我们就是冠军》），然后就是激光秀，与此同时，音乐电视开始出场。很快，加油成了最让人羡慕的工作——因为这样可以拥有船上最好的座位。事实上，水兵们开始抢着去加油了。

过了一段时间之后，我们开始在音乐电视之外加入一些现场表演节目。K.C. 马歇尔中尉是一位天才歌手和主持人。我们把卡拉OK机放到甲板上，现场音乐会就这样准备完毕。1997年，在距离圣诞节还有八天的一个晚上，我们接到了一个夜间加油的命令，我们将从

"西雅图号"油轮的一侧进行加油,而油轮的另一侧是"尼米兹号"。结果可想而知,我们的演唱会让另外两艘舰艇着实大吃了一惊。马歇尔中尉一连唱了60分钟,曲调悠然感人,俨然是另一个"猫王"埃尔维斯·普雷斯利。他演唱的《蓝色圣诞节》打动了在场的每一个人。据说在"尼米兹号"的甲板上,一位导航员甚至被感动得流下了眼泪。

这场音乐会进一步巩固了"本福尔德号"在整个舰队里的形象。作为一艘最优秀的舰艇,我们并不拒绝让水兵们享受生活,我们不仅要制造快乐,还要和所有的人一起分享。在我看来,偶尔给水兵们一些自由,让他们去疯狂一下,这种做法反而表明了我们对他们的尊重和关怀。事实上,这会让水兵们更加为自己的舰艇感到自豪,而且适当的娱乐显然是一件对所有人都有好处的事情。

离开澳大利亚之后,按照日程安排,我们将在美属萨摩亚的首都帕果帕果再次加油,然后再直接返回圣迭戈。对于这次访问,我们制定了很多计划,其中包括要用我们从澳大利亚带来的啤酒和猪肉举行一场海滩狂欢。一切都很顺利,可刚到帕果帕果,我就接到上级的命令,要在加完油之后立即赶往加利福尼亚的锡尔比奇，并在那里卸载我们的战斧式导弹。当时的情况是，由于海湾地区的美国舰艇急需战斧式导弹，所以圣迭戈的海军基地准备把"本福尔德号"上的导弹卸下来之后直接运往海湾地区。显然，我们的狂欢泡汤了。我们把所有的啤酒和猪肉转交给了"希尔号"的水兵，然后就转身出发了。可出人意料的是，"希尔号"上的高级军官们从来没有想到过要为自己的水兵们准备一场狂欢。

在穿越太平洋的时候，我的执行指挥官建议我们来一次放风筝比赛。这个建议好极了。按照他的建议，我们让每个部门自己做一个风筝，放得最好的那个部门将成为赢家。

在我们绕过夏威夷的时候，整个海面风平浪静，根本放不起风筝。为了能够找到一点轻风，我们开始在海面上曲线前进。最终，我决定同时启动四部引擎，这样就可以产生足够的气流，让风筝飞起来。当时和我们在同一海域航行的还有一些其他舰艇，看到这种情况之后，这些舰艇的军官开始纷纷摇头，感到有些不可思议——可无论如何，我们还是举行了一场"本福尔德式"的风筝比赛。

所有这一切都表明了，无论你所在的组织属于什么性质，你都可以想出一些办法来改善下属们的生活，整个组织的士气都会有所提高，而且在你的组织当中工作的经历很有可能会成为他们一生中的美好回忆。我们所做的一切都没有耗费什么资金，所需要的只是想象和善意。

对于"本福尔德号"来说，我们取得出色成绩的秘密就在于：让大家玩得开心！

第12章
离开"本福尔德号"

很快，两年时间过去了，我在"本福尔德号"上的日子也即将结束，到了把它交付给下一任舰长的时候了。

就在离开前的几个星期，我的上司给我打来电话，问我会在什么时候邀请他到"本福尔德号"发表演讲。

"对不起，"我回答道，"我并没有打算邀请您。因为我想把这一天留给我自己、'本福尔德号'还有我的水兵们。我不想邀请其他任何人。"事实上，为了不让水兵们做那些毫无意义的准备工作，我准备把交接仪式的地点改在海上。按照传统的做法，交接仪式通常非常盛大，而且一般是在港口里举行，可在我看来，这种做法就像体形庞大的恐龙一样，即将退出历史舞台了。

好在准将对我的做事风格已经习以为常了，于是他马上问道："好，那你准备什么时候让我给你颁发勋章？"

"可以麻烦您把它邮寄给我吗？"

就这样，在我离任之前的那个星期天晚上，我让联邦快递从缅因州递来了310只鲜活的龙虾。在接下来的三天时间里，我们看着这些龙虾在食堂的水箱里欢快地游动。大部分水兵从来都没吃过龙虾，有的甚至根本不知道龙虾长什么样，所以我决定再给大家上一课，告诉他们怎样吃龙虾。"红龙虾"餐厅送给我们310套餐具，于是在星期三的晚上，我们大吃了一次海鲜，我称它为我在"本福尔德号"上的"最后的晚餐"。

星期四早晨,我们早早地起床,接连进行了四个小时的集训。10点45分的时候,全体水兵都穿着便服来到飞行甲板上列队,我发表了一场美国海军历史上最简短的交接仪式演讲,这场演讲一共只有五个单词:"You know how I feel."(你们知道我的感受。)然后我向全体水兵行了一个军礼。就这样,我把"本福尔德号"交到了他们手上。

在即将离开的时候,我对我们两年来一起走过的道路进行了一次回顾。"本福尔德号"曾经是一艘让人头疼的舰艇,可当我离开的时候,我留下了任何一位舰长都梦寐以求的舰艇,"本福尔德号"成了蓝色海洋上的珍宝。我为我的水兵们感到自豪,短短两年时间里,他们成为了一支严谨、高效而卓有成效的团队,我可以毫不谦虚地说,我为自己在过去两年里的所作所为感到无比骄傲。无论是作为一位领导者,还是作为一名普通人,我都得到了成长。我永远不会忘记自己在"本福尔德号"上度过的日日夜夜,是我亲眼看着这艘舰艇一天天地茁壮成长。对我来说,没有什么比这份工作更让人感到满足的了,即便不领一分酬劳,我也会完成我的工作。对于我来说,能够在这样一艘舰艇上度过两年时间，实在是一件无比幸运的事情。

人们经常问我为什么不继续留在海军任职。事实上，如果我愿意的话，我完全可以继续留在海军。我在领导"本福尔德号"期间所取得的成就足以让我相信：如果继续留在海军的话，我完全可以成为一名出色的海军舰队司令。

可问题是，作为一名海军人员，我总是要经常出海。在过去的18年海军生涯里，我曾经在海湾地区度过了整整三个年头。可以毫不夸张地说，在所有和我同时从海军学院毕业的同学当中，我在海上度过的时间是最长的。而且，要想继续留在海军，直到成为一名舰队司令的话，我至少还要在海上再度过三年时光。

海军的生活能够给人带来巨大的成就感。可我为此所付出的代价也是巨大的。所以我下定决心，虽然我很喜欢海军生活，包括我的同事和下属，但我还是要换个领域，继续自己生活的方向。现在，我想做的，是和更多人分享我的成功经验，帮助他们成为更好的领导者。

就在我离职的前一天，我的继任者把我拉到一边，告诉我他简直有点惶恐，因为"本福尔德号"带给他一种从来没有体验过的感觉。我所取得的成就给他带来了巨大的压力，他不想"本福尔德号"在他的手中出现任何闪失，他想征求我的建议。自从加入美国海军以来，他一直接受的都是强硬派的管理理念：对上级唯唯诺诺，对下属严词厉色。显然，"本福尔德号"上的做法让他有些不知所措。他到底应该怎么办呢？

我向他简单总结了"本福尔德号"上的管理经验，告诉他怎样打造出一支优秀的团队。我努力让自己声调平和，可我所讲的内容却仍然让他感到了巨大的震撼。我所告诉他的，就是我在本书所讲述的内容，谈话的重点也就是本书中一些篇章的标题：树立典范、积极聆听、有效沟通、建立信任、注重结果、理性冒险、打破成规、培养人才、同心协力、提高生活质量。

一时之间，他有些不理解我的意思，可最后他终于明白了。

一个星期以后，他第一次对"本福尔德号"有了真正的了解。当时"本福尔德号"参加了一次实战演习——这是美国海军第一次通过电子计算机进行的模拟演习，整个过程完全在圣迭戈的港口里完成。整个演习的中心是"星座号"航空母舰，其中有两艘巡洋舰和几艘驱逐舰担当空中和海上的防御任务，其中有一艘就是"本福尔德号"，它的主要任务就是搜索敌军潜艇。

这是美国海军第一次尝试通过计算机模拟的方式在

港口内完成一次军事演习，这样可以大大降低一次军事演习的成本。因此，此次演习受到了包括五角大楼在内的美国军部最高层的关注。如果演习成功的话，使用模拟化的海军战场可以为军部节省数十亿美元的开销。而为了证明这次演习的说服力，它的难度甚至超过了真正的实战演习，其中出现了很多水兵在实战中根本不会遇到的困难。

从硬件设备上来说，"本福尔德号"和其他巡洋舰基本相同，但这些巡洋舰上的水兵人数多达440人，比"本福尔德号"多出大约130人，这些人主要负责与直升机有关的作业项目，其中包括飞机驾驶、维护以及整个航空母舰的空中防御。除了担负一些比较特殊的作业任务之外，这些水兵的级别也比"本福尔德号"上水兵的级别要高，而且他们在防御作业方面的经验也更加丰富。总而言之，在整个演习过程中，"本福尔德号"的主要任务就是保护好自己，并在可能的情况下为战斗团队中的其他舰艇提供有限的帮助。而且就当时的情况来看，它并没有能力和相应的专业知识来处理整个战斗团队的空中防御作业。但"本福尔德号"最终让所有其他舰艇大吃了一惊。

结果证明，那两艘巡洋舰根本无法适应计算机模拟化的作战形式，它们被迫中途退出演习。随着它们的退出，万般无奈之下，作战团队指挥官命令"本福尔德号"接手空中防御指挥任务，希望能以此给整个演习带来转机。"本福尔德号"临危受命，并完美无缺地完成了所有任务。

没有人预料到这一点。这是全体水兵所取得的又一次巨大胜利，对"本福尔德号"的声誉也是一个巨大的巩固。一时之间，负责指挥整个航空母舰作战团队的上将目瞪口呆。后来我听人说，看到结果之后，这位上将马上质问自己的下属，为什么那些人员装备远胜于"本福尔德号"的巡洋舰中途退出，而"本福尔德号"不仅完成了整场演习，还在其中担当了领导者的角色。

就在我离开六个月之后，"本福尔德号"在整个太平洋舰队的战斗系统能力评估当中得到了有史以来最高的分数。

我离开一年之后，"本福尔德号"被再次提名角逐斯波堪奖，并最终获得了第二名的成绩（这其中有一些政治性因素）。负责评选的那位上将曾经担任过取得第一名的那艘舰艇的指挥官。当然，我相信，"本福尔德号"的表现完全不逊色于得到第一名的那艘舰艇。

到底是什么因素在推动着"本福尔德号"不断向

前呢？

  我的继任者成了一位伟大的领导者。他受到了很高的评价，甚至当选为他所在中队的"头号指挥官"。"本福尔德号"上水兵的留任率是美国海军平均水平的三倍，其他一切也都进行得非常顺利。一段时间之后，大西洋舰队的代理总指挥甚至选拔他为自己的执行助理，并在任期远未结束之前就把他调离"本福尔德号"。不仅如此，他还被授予了"立功勋章"（legion of merit），这是一项通常只属于高级军官的荣誉。

  而我所得到的最高荣誉是"卓越功绩服务勋章"。刚开始的时候，我感到心里非常不平衡，可很快我就开始在心里暗暗为他祝福，因为这在很大程度上表明了他实施变革的能力，而对他的奖励又说明美国海军已经开始对这种能力表示认可。我希望他能够继续高升，并在海军高层内部宣扬一种勇于变革的精神。而且，我也为水兵们能够帮助他完成这场变革表示欣慰。

  我不仅为"本福尔德号"在我离开以后所取得的成就表示高兴，而且我还要理直气壮地把其中一些成就归功于我本人。我相信，对一位领导者最终的评估应该被放在他离开之后的六个月到一年的时间里进行。因为要想真正合理地评价一位领导者的工作成绩，你首先要看他为自己的继任者留下了什么。当然，我并不是说要拿他的成就与他的继任者所取得的成就相比较。我的意思是，他们的成功在很大程度上是对你井然有序地交出指挥权的一种奖励。在我写下这些文字的时候，我的所有军官和上士或许都已经离开了"本福尔德号"，或许更为现实一点的说，可能大部分的水兵也都已经离开了原来的岗位。

我们都为自己所取得的成就感到满足，但最能给我们带来满足感的不是个人的成就，而是帮助他人实现他们的全部潜力。这或许是天下所有教师的心里所想。至少在担任"本福尔德号"舰长的两年时间，我一直把这种满足感当作自己的主要动力。

人们经常问我跟其他指挥官相处得如何。坦白地说：我本来可以让我们之间的关系变得更好。可现实是，如果在一个有十艘舰艇的团队当中，有一艘舰艇的表现非常出色的话，那么其他九艘舰艇指挥官的感受通常都不会太好。但我从来没有过多考虑他们的感受，部分来说，这可能是由于我过于争强好胜了吧。这是我的缺点，我必须承担它所带来的后果。

显然，在我担任"本福尔德号"舰长期间，我让其他九艘舰艇的舰长感到不安。他们的水兵一直在抱怨自己不能像"本福尔德号"上的水兵那样得到尊重和自由，可这又能怪谁呢？既然我们用成就证明了自己的正确性，对我来说，其他九艘舰艇理应接受并学习我们的做法。毕竟，我们在某种程度上足以成为整个团队的表率。现在想想，或许我当时并没有设身处地地为其他人着想，没能从他们的角度看问题吧。或者你也可以说，我这是一种充满自大的天真。

回头想想，我本来完全可以给予同事们更多的支持，比如说，我可以事先告诉他们我们准备进行怎样的改革，这样他们就可以和我们一起行动，而不是等到接到了上级的命令之后才这样做。

当他们一次又一次被上级拿来跟"本福尔德号"进行比较之后，他们心中自然会对我们产生一种排斥心理。虽然在我看来，我只是在跟自己竞争，只希望能把"本福尔德号"变成太平洋舰队最优秀的舰艇，可别人并不这么认为。虽然从来没有想到过要去跟别人竞争，可回过头来想一下，别人显然很在乎我的一举一动，而且他们有时非常不喜欢我的一些做法。只可惜，我当时并没有意识到这一点。

顺便说一句，如果你决定在你的组织里采用"本福尔德号"的一些做法的话，请记住一句忠告：当你准备采取一些创新性的做法时，无论你的动机是什么，你都会遭到一些人的嫉恨。请一定记住这一点。

可另一方面，我建议你也千万不要因为害怕别人嫉恨而畏首畏尾，提升整个团队的作业水平要比照顾某些人的情感更为重要。有的时候，你必须接受这样一个事实：要想做得优秀，你就会不可避免地得罪一些人。过去如此，将来仍会如此，你必须学会接受这个现实。

在海军生涯中，我的领导方式的变革开始于一场应需而进行的试验，但从那以后，我发现我的方法确实非常独特。无论处于何种行业，经理人的作用都已经从发布命令型转变为人才培养型，他们的角色也已经从威风八面的上司老板转变为人才的培养者和造就者。如今，高绩效经理人的主要工作就是告诉人们应该如何应对自己所面临的问题，然后就把问题交给他们。当然，考虑到我必须为水兵们的生命负责，我不可能把问题完全交给他们。可正像你们从这本书里看到的那样，我已经朝着这个方向迈进了一大步。原因非常简单：这种方法的确是有效的。

我希望我的经历能够给你的职业生涯带来一些帮助，我临时发明的那些技巧能够启发你创造出更多更好的主意。我坚信，很多事情都是可以触类旁通的，我们的一些经验也完全可以对另外一个行业的人有所启发。

在本书即将付印的时候，美国和她的盟友已经在全球范围内向国际恐怖主义宣战，毫无疑问，无论如何都不应该容忍这些隐秘的恐怖分子的残暴行径。在这场历史性的交锋中，如果说有什么事情是可以确定的话，那就是：我们绝对不可能以长久以来一直在扼杀美国企业和组织创造力的"命令－控制"的方式来指挥这场战争。虽然我们有庞大的军队和公司，但如果管理者们仍然不能打破成规、放平心态的话，他们的工作效率很可能就会和美国独立战争时的英国军队一样。和以前一样，胜利将会属于那些拥有最强的领导能力，能够团结协作、自信自主的一方。这种品质的领导能力深深根植于美国人的心中，它是当初那些西部开拓者为我们留下的宝贵精神遗产。虽然今天这种精神似乎已经逐渐淡出了美国的各种大型组织，可整理世贸大厦废墟过程中那些奋不顾身英勇救人的勇士们又重新体现了这种精神。对我而言，它反映了美国人性格当中伟大的无私性，而这种品质正是我们的各层管理者应当学习的。我在"本福尔德号"上的经历让我亲身体验到了这种品质的威力，但作为前提，领导者们必须学会把它发挥出来。因此，这本书不仅可以指导人们如何在自己的职业道路上不断进步,而且它还为人们提供了一项指导,告诉他们应该如何为一项超出个人利益范畴的理想而奋斗。这才是"本福尔德号"真正的故事——一堂我希望你能够从明天开始就应用到自己所在的组织当中的领导力课程。

最后,让我们一起牢记成功管理者的第一个原则:要永远乐观!这样做的一个必然结果就是:机会永远不会停止!

记住:这是你的船!要让它成为最好的!

尾声

超　　越

在我们这个时代，各种组织常常变得如此复杂，以至于它的管理者们经常感到手足无措。在这种情况下，一些管理者选择了通过忽视那些长期问题的方法来逃避现实；而其他组织者则选择让自己的下属之间相互争斗，结果导致整个组织的共同利益无法得到保障。毫无疑问，如果一个组织的管理者出现了问题，这个组织本身也一定会出现问题。

在我的海军生涯期间，我在不断超越自我的过程中找到了成功管理者的秘诀——那些真正成功的管理者总是能在遇到难题的时候主动承担责任。

管理岗位是一份使命，而不是一本支票簿。要想成为一名出色的管理者，你必须拥有像沙克尔顿征服南极、摩西劈开红海一样的斗志和耐心。不仅如此，你还必须学会承担责任,而不是一味推脱。

我还在本书里描写了美国海军当中的一些领导失误,造成这些失误的主要原因主要是人们对于变革和改进的抵制。在我自身的领导风格转型的过程当中,我逐渐学会了一些能够为我所在的整个组织带来变革的方法。这些方法非常有效,它们的应用范围并不仅限于美国海军——我相信,每一个学会使用这些方法的人都能够从中受益。

比如说在1999年离开美国海军之后,我曾给一位负责指挥太平洋舰队100多艘舰艇的三星中将发过一封电子邮件。我想和他一起分享我在担任"本福尔德号"舰长期间的一些经历,其中包括如何处理军官和水兵们之间的关系,以及如何处理海军当中那些被忽视的问题。在这封邮件当中,我建议这位将军,要让指挥官对自己的水兵们的表现负责。非常幸运的是,这位将军是一位非常开明的管理者:他很快就开始处理那些人员流失率极高的舰艇,并着手采取实际的措施。很快,各个舰艇的指挥官们开始意识到领导者的意图:留住你的水兵,否则别想升职。

这条命令非常有效。随着水兵们留下来的比例逐渐升高,整个舰队临时开除水兵的现象也越来越少,而且这种措施带有很强的感染性。在 2001 年，整个海军部队期满后愿意继续留在美国海军的人员比例增加了 20%。而各种违纪问题以及海军人员的赔偿金也开始大幅度下滑——新兵入伍的积极性也大大提高。可见，一旦高级管理层开始重视一件事情，这件事情很快就会受到整个管理链条的重视。结果是非常惊人的——员工的忠诚度会更高，产品的质量会更好，销售额会增加，因此你的收益也会相应增加。所有这一切都是因为管理者们完成了自己的本职工作：领导。总而言之，在任何组织，领导者的主要作用就是解决复杂的问题，同时鼓励下属取得出色的成绩。由此可见，那些过于以自我为中心的人是不适合担任领导工作的。

在离开"本福尔德号"的日子里，我非常高兴地看到美国军队的领导水平得到了大大提高，四大兵种也开始逐渐停止了毫无意义的恶性竞争。而且自从 2001 年 9 月 11 日以后，各个兵种之间的协作开始大大加强，并取得了优异的成绩。无论你对阿富汗战争的观点如何，这场战争本身都是对美国军队的作战能力的一个很好的证明。由于阿富汗的地形对美军非常不利，所以作战计划要求美军必须用最少的资源取得最大的成效。从美国的海陆空三军以及海军陆战队的报告来看，到目前为止，各大兵种之间的配合可以说是天衣无缝。

从企业经营的角度来说，我发现有很多公司都有当初曾一度困扰"本福尔德号"的坏习惯。这些企业中的很多部门甚至都没想到过要去进行很好的协作。由于缺乏卓越的领导理念，他们陷入了毫无意义的争吵和斗争，并给自己所在的企业带来了巨大危害。但我相信，无论在什么情况下，大家都可以向着一个共同的目标努力，虽然有时会遇到很多困难，但从另一个角度来说，它反而可能是齐心协作的契机。我也坚信，我们能在"本福尔德号"上让所有的水兵一起同舟共济，能在阿富汗战场上让四大兵种并肩作战，世界各地的企业也同样能做到这一点。毕竟，这是我们的船！

致　　谢

我要感谢我的父母——唐和玛丽，他们把七个孩子抚养成人，从他们身上，我看到了力量和责任感，他们永远值得我学习。他们的智慧、容忍、坚毅和无私的爱为我们每个孩子的成长打下了坚实的基础。

我还要感谢威廉 J. 佩里博士，他给了我一个让我终生受益的机会。他的支持、耐心，还有指引，为我提供了许多宝贵的经验教训，使我后来能够成为一位优秀的领导和船员。我还要特别感谢佩里博士"超级团队"的厄尔·马斯特斯、卡罗尔·查芬、辛迪·鲍德温、马歇尔·威廉姆斯、比尔·布朗，以及里克·金斯林，他们给了我无尽的欢乐和无私的支持，使我感到就像是生活在一个大家庭当中。

在很多方面，我都是一个非常幸运的人，但如果没有佩里博士团队的另一位前任成员——一位声名赫赫的印第安纳州人的支持的话，我还是不可能完成本书：他就是拉里·史密斯先生，现任职于美国国家安全企业执行官协会（Business Executives for National Security, BENS）。在听说了我的经历之后，拉里把我介绍给了 *Fast Company* 杂志的高级编辑波利·拉巴尔女士，后者对我们公司的发展模式进行了详细报道。如果没有波利女士的智慧和洞见的话，本书根本不可能问世。感谢你，波利！

还要感谢我在美国海军学院的室友、我的至交罗伊·毕晓普和乔治·帕派欧安奴，他们时刻鞭策着我，在我懈怠的时候督促我进步。特别感谢迈克尔·博尔杰，他一直在对我进行指导，在无私地支持着我。

我要感谢我的文字代理海伦·里斯以及Wordworks公司的作业小组唐娜·卡彭特、莫里斯·科伊尔、苏珊·希金斯、德伯拉·霍维茨、拉里·马茨、辛迪·巴特勒·萨蒙斯和罗伯特·施纳伊尔森。还要感谢华纳出版公司那些最优秀的编辑们——里克·沃尔夫、丹·安布罗希奥以及马德琳·沙克特，是他们组成的梦幻团队使得本书最终得以问世。最后，我还要感谢我最忠诚的助理戴维·劳尔，他一直在毫无保留地支持着我，为了使本书得以按时出版，他表现出了无尽的责任感，做出了宝贵的贡献。

特别感谢所有穿制服的人，感谢他们为我们这个伟大的国家所付出的一切！

最新版

"日本经营之圣"稻盛和夫经营学系列

任正非、张瑞敏、孙正义、俞敏洪、陈春花、杨国安　联袂推荐

序号	书号	书名	作者
1	9787111635574	干法	【日】稻盛和夫
2	9787111590095	干法（口袋版）	【日】稻盛和夫
3	9787111599531	干法（图解版）	【日】稻盛和夫
4	9787111498247	干法（精装）	【日】稻盛和夫
5	9787111470250	领导者的资质	【日】稻盛和夫
6	9787111634386	领导者的资质（口袋版）	【日】稻盛和夫
7	9787111502197	阿米巴经营（实战篇）	【日】森田直行
8	9787111489146	调动员工积极性的七个关键	【日】稻盛和夫
9	9787111546382	敬天爱人：从零开始的挑战	【日】稻盛和夫
10	9787111542964	匠人匠心：愚直的坚持	【日】稻盛和夫 山中伸弥
11	9787111572121	稻盛和夫谈经营：创造高收益与商业拓展	【日】稻盛和夫
12	9787111572138	稻盛和夫谈经营：人才培养与企业传承	【日】稻盛和夫
13	9787111590934	稻盛和夫经营学	【日】稻盛和夫
14	9787111631576	稻盛和夫经营学（口袋版）	【日】稻盛和夫
15	9787111596363	稻盛和夫哲学精要	【日】稻盛和夫
16	9787111593034	稻盛哲学为什么激励人：擅用脑科学，带出好团队	【日】岩崎一郎
17	9787111510215	拯救人类的哲学	【日】稻盛和夫 梅原猛
18	9787111642619	六项精进实践	【日】村田忠嗣
19	9787111616856	经营十二条实践	【日】村田忠嗣
20	9787111679622	会计七原则实践	【日】村田忠嗣
21	9787111666547	信任员工：用爱经营，构筑信赖的伙伴关系	【日】宫田博文
22	978/111639992	与万物共生：低碳社会的发展观	【日】稻盛和夫
23	9787111660767	与自然和谐：低碳社会的环境观	【日】稻盛和夫
24	9787111705710	稻盛和夫如是说	【日】稻盛和夫